Brigitte Troeger

Sieben Koffer und ein Kinderwagen

Erinnerungen an meine Nachkriegskindheit

© 2011 Brunnen Verlag Gießen
www.brunnen-verlag.de
Umschlagfoto: Corbis Düsseldorf, shutterstock
Umschlaggestaltung: Sabine Schweda
Satz: DTP Brunnen
Druck: CPI – Ebner und Spiegel, Ulm
ISBN 978-3-7655-1658-0

Habe dein Schicksal lieb,
denn es ist der Weg Gottes mit deiner Seele.

Fjodor M. Dostojewski

Inhalt

Die Pimpernuss bleibt

Sollte das ein Aprilscherz sein? Unsere Wiesbadener Freunde schauten uns irritiert an. Wir hatten uns entschieden, unsere wunderschöne Stadt zu verlassen.

„Aus der eleganten Landeshauptstadt in die Provinz? Hoffentlich bereut ihr das nicht!"

Unsere Entscheidung, nach der Pensionierung in mein Elternhaus überzusiedeln, war aber lange und gründlich gereift. Am 1. April 1998 ließen wir den Ballast von dreiundzwanzig Jahren hinter uns. Ein kleiner Möbelwagen reichte uns für den Umzug.

Der Zauber des Neuanfangs beflügelte uns. Vor uns lag die verlockende Freiheit des Ruhestands und eine große Aufgabe. Das Haus meiner Mutter war nämlich nicht mehr bewohnbar. Wir hatten von Wiesbaden aus das Nötigste veranlasst und selbst auch mit Hand angelegt, aber es blieb noch viel zu tun.

Warum taten wir uns bloß diesen Stress an? Jemand meinte, es sei doch besser, das Gebäude abzufackeln, um dann neu zu bauen. Aber Mutters Hütte ist nicht irgendein Haus! Sie war unser Zufluchtsort nach der Flucht aus dem Osten. Noch heute ist es mir unmöglich, in diesen vier Wänden zu leben ohne ein Gefühl von Hoffnung und Geborgenheit. Unser Häuschen erzählt Geschichten, lebt von Erinnerungen, atmet den Hauch Optimismus einer verzweifelten Zeit, in der wir mit jedem neuen Tag spürten, morgen würde es besser werden. Es hat Lachen und Weinen gehört, Spiel und Spaß, Sorgen und Kummer. Viel unkomplizierte Gastfreundschaft mitgetragen und so manche stümperhaften Versuche, Musik zu machen. Es hat Trauer beherbergt und verbannt. Es hat Mäusen im kalten Winter ein Schlupfloch geboten. Und jetzt sollte es auch das Recht bekommen, in neuem Glanz zu erstrahlen, mit einem hellen Wintergarten, dichten Fenstern und angenehmen Holzfußböden – und einem gut isolierten Dach.

Es war ein milder Apriltag, als wir mit Sack und Pack ankamen. Das Haus im oberbergischen Wiehl bei Gummersbach war seit Mutters Auszug dreimal vermietet gewesen und nun ziemlich verwohnt. Die Hecke aus Maibuchen, mannshoch gewachsen, war ungepflegt und hatte entsprechend große Lücken. Der Garten präsentierte sich als Wildnis, überall lag dürres Geäst von kranken Bäumen herum.

War das Mutters Garten? Wie liebevoll hatte sie damals für ihn gesorgt! Sie hatte Rosen, Rittersporn und Spieren, Eisenhut, Gladiolen und Nelken gepflanzt. Und im Frühling Tulpen, Vergissmeinnicht, Tränende Herzen und Narzissen. Dazu viel Gemüse und Obst.

„Wir werden den Garten ganz neu anlegen müssen", sagte ich zu unserer Tochter Christina, die ein paar Tage später gekommen war, um nach uns zu sehen. Sie hatte einen Gang durchs Dorf gemacht und war mit der Feststellung zurückgekommen: „Unser Haus ist die letzte Hundehütte." Nun inspizierte sie den Garten und forderte energisch: „Aber die Pimpernuss bleibt!"

Die Pimpernuss blieb, als der Bagger kam und das verwilderte Grundstück in eine Lehmwüste verwandelte. Er grub einen Graben um das Haus für die Drainage und bereitete das abschüssige Gelände für eine terrassenartige Anlage vor. Romantisch sollte das Gärtchen werden und in vielen bunten Arten blühen.

Unsere Pimpernuss, ein Strauch, der unter Naturschutz steht, weil er vom Aussterben bedroht ist, hatte eine Höhe von vier Metern. Das ist ungewöhnlich für diese Art. Vielleicht gefiel ihr der geschützte Platz hinter der Garage. Sie war schon groß, als unsere Kinder die Ferien bei Oma verbrachten. Im Sommer leuchten die hellgrünen Früchte wie Riesenweintrauben. Wenn man sie aus der Nähe betrachtet, dann entdeckt man, dass die runden Säckchen eine papierene Haut haben und wie aufgeblasen wirken. Nimmt man sie in die Hand, hört man innen ein leises Klappern. Das Säckchen hat Inhalt. Mit einem leisen

„Ft" zerplatzt die Haut und gibt den Kern frei, der im Sommer weich ist und wie Pistazien schmeckt. Im Herbst ist er braun wie Schokolade. Jetzt würde man sich an ihm die Zähne ausbeißen.

In den Herbstferien hatten früher unsere Kinder und ihre Cousinen und Cousins die vielen kleinen Nüsse gesammelt, die unter dem Strauch lagen. Sie hatten daraus die schönsten Ornamente und Naturbilder gezaubert, auch Weihnachtsschmuck und Untersetzer, kleine Rasseln als Rhythmusinstrumente. Oder sie hatten mit den Trauben gewedelt. „Hör mal, Oma, wie das klappert!" Und Oma sagte: „Ja, da drinnen pimpert es."

Es waren kleine Freuden, die sich mit den Früchten der Pimpernuss verbanden – eigentlich nichts Besonderes. Und doch: Wir hörten nicht auf, sie einzusammeln. Sie durften nicht zertreten werden.

Mit dem Einzug ins Elternhaus begann ich jetzt wieder mit Einsammeln. Aber diesmal waren es nicht die kleinen Nüsse, sondern die vielen Erinnerungen an meine Kindheit. Sie krochen mir aus allen Ecken und Winkeln entgegen. Manchmal passte mir das nicht, doch sie fragten nicht danach, ob es gerade genehm sei. Ich war bereit, geduldig zu sein, wenn sie aus dem Nichts plötzlich auftauchten und meine Gedanken durchkreuzten. Geschichten, die im Laufe so vieler Jahre nicht untergehen wollen, gehören angeschaut, nicht zertreten. Und langsam verstand ich, warum es mich ins Elternhaus zurückgezogen hatte.

Späte Grüße

Die Umbauarbeiten schleppten sich zögernd voran. Ungemütlich war es – draußen wie drinnen. Der Garten, der keiner mehr war, harrte der Dinge, die da kommen sollten. Wir warteten.

Eines Tages – oh Wunder – schoben sich zwei grüne Spitzen aus der schweren Erde ans Licht. In den nächsten Tagen konnte ich sie vom Fenster aus beobachten. Tulpen entfalten sich mit rasantem Tempo, sie verschwören sich mit den Ungeduldigen, die den Frühling kaum erwarten können. Die Knospen öffneten sich feuerrot und hatten innen einen schwarzen Grund, vor dem die leuchtend gelben Blütengefäße sich malerisch ausmachten. Ich dachte: Das ist ein Gruß von unserer Mutter! Denn die Zwiebeln hatte sie noch in die Erde gesetzt. Der Stuhl am Esszimmerfenster wurde mein liebster Ort. Täglich freute ich mich über das kleine Wunder in der Kraterlandschaft.

Bis eines Tages die Kleine mit dem schweren Tornister vorbeikam. Auch sie blieb andächtig vor meinen Tulpen stehen. Ein schmächtiges Kind mit dünnen Beinchen, die in pinkfarbenen Gummistiefeln steckten. Redete sie mit den Tulpen? Plötzlich griff sie nach einer Blüte, und mit einem Ruck hatte sie den feuerroten Kelch in der Hand.

Blitzschnell sprang ich auf und zeigte mich in der Tür. „Hallo!"

Die Kleine erschrak und ließ die Blüte fallen. „Hallo", erwiderte sie kaum hörbar.

Ihr schmales, blasses Gesicht hatte einen Hauch Farbe bekommen. Sie schaute mich aus leeren Augen an. Dieses verschreckte, durchsichtige Gesicht rührte mich so sehr, dass sich der aufkommende Zorn in mir wieder verzog. Ich dachte, so ähnlich muss ich wohl ausgesehen haben, als wir damals nach dem Krieg hier eingezogen waren. Langsam ging ich auf das Kind zu und bückte mich nach der Blüte.

Die kleine Schülerin schaute verlegen auf den Tulpenkopf.

„Ist die Blüte nicht wunderschön?" Sie nickte und senkte den Blick.

„Es ist ein Gruß von meiner Mama", sagte ich.

„Hhhh??"

„Früher hat meine Mama die Tulpenzwiebel gepflanzt. Das

12

ist lange her, damals war ich so alt wie du. Jedes Jahr kamen die Tulpen wieder."

„Aber jetzt ist der Garten weg", ergänzte sie und schaute auf die lehmige Mondlandschaft.

„Nur zwei Tulpen sind noch da, und eine davon hat nun keine Blüte mehr. Aber ich werde sie in eine Glasschale legen, damit sie mich noch ein paar Tage erfreut."

Das Kind schaute fragend, fast schuldbewusst zu mir auf.

„Warum hast du das gemacht?", fragte ich.

Das kleine Gesicht bekam einen unendlich traurigen Ausdruck, während sie ihre Schultern hob. „Weiß nicht", flüsterte sie.

Kriegskinder haben immer Hunger

Noch am Abend beschäftigte mich das kleine, schmächtige Mädchen. Ihr Verhalten war auffällig distanzlos, fahrig, eigenartig. Ein seltsames Kind! Dann aber – oh Schreck! – kam mir eine Erinnerung: Auch ich hatte einmal Tulpen geköpft, nicht nur eine, nein, eine ganze Schürze voll!

Damals wohnten wir noch in Schönebeck bei Magdeburg. Ich war drei Jahre alt. Anne-Elisabeth, meine liebste Schwester – wir nannten sie damals Anni –, nahm mich mit in Nachbars Vorgarten. Wir hatten die wunderbaren Blüten entdeckt und uns gedacht, dass unsere Mutti wohl ihre Freude daran haben müsste. Sie war in letzter Zeit oft traurig, weil schon so lange Krieg war. Wir wollten ihr eine richtig große Freude machen.

Aber sie freute sich gar nicht darüber – im Gegenteil, die Hände schlug sie vors Gesicht und schickte uns zum Nachbarn, damit wir uns entschuldigten. Ich fühlte mich aber gar nicht schuldig, nur unverstanden.

Schönebeck war also nicht vergessen, auch wenn diese Zeit so lange zurücklag und bereits mit meinem fünften Lebensjahr endete. Schönebeck hatte ich vor ein paar Jahren besucht, nachdem die deutsch-deutsche Grenze sich geöffnet hatte. Ich wollte wissen, ob sich die Wirklichkeit mit meinen Kindheitserinnerungen deckte. Dort sah ich mein Geburtshaus, den Garten mit dem Kirschbaum, die Spielstraße, wo wir Nachbarskinder „die-Russen-kommen" inszeniert hatten, die Zuckerrübenfabrik hinter der Siedlung, wo wir verbotenerweise auf den Gleisen gespielt hatten. Ich schmeckte wieder die Süße des braunen Zuckers, den der freundliche Mann aus der Fabrik geschmuggelt hatte, um unsere kleinen Hände damit zu füllen. Und das Loch im Zaun gegenüber: War es nicht uralt? Dahinter hatte es die köstlichsten Äpfel und Birnen gegeben! Kriegskinder haben immer Hunger, und sie wissen, wo es Vitamine gibt. Wir durften nicht stehlen, aber unsere Freunde taten es einfach.

Aber von dem Kirschbäumchen an Dotas Elternhaus hatte ich nichts gewusst, wirklich nicht! Wir spielten Verstecken. Ich hatte mein Plätzchen gefunden, hinter der Wassertonne am Haus. Dann wurde es mir langweilig und ich schaute nach oben. Da entdeckte ich die herrlichen, leuchtend roten Kirschen über mir. Meine Hand ging automatisch nach oben. Ich stopfte mir den Mund voll, bis der Saft zurücklief, wischte mir mit dem Ärmel übers Gesicht. Bald wurde ich gefunden und aufgerufen – und stand augenblicklich am Pranger.

„Du bist ganz rot im Gesicht, was hast du gemacht?"

„Owei. Die hat Kirschen geklaut!"

„Du hast gestohlen, das ist Sünde!" Aber ich hatte doch nur gegessen!

„Du kommst in die Hölle!"

Jetzt reichte es aber. Nur weg hier! Hinter mir hörte ich bereits das Höllenfeuer prasseln. Ich beeilte mich, nach Hause zu kommen, wo Mutti mit dem Brüderchen allein war. Ich vergrub mein rotes Gesicht in ihrem Schoß und bekannte ihr meinen Sündenfall. Und sie verstand es, mir Absolution zu erteilen.

Vielleicht hat sie im Stillen gejubelt, dass ich gut für mich gesorgt hatte in dieser kargen Zeit. Die Essensrationen wurden doch immer kleiner. Dabei ging es uns als neunköpfiger Familie mit neun kompletten Lebensmittelkarten noch verhältnismäßig gut. Außerdem erhielten wir ab und zu ein Päckchen aus Wiehl von den Großeltern. Sie hatten einen Fleischerladen, und so kamen wir manchmal sogar an Dauerwurst und Speck.

„Heute bekommt jedes Kind ein Schmalzbrot von der Oma in Wiehl", verkündete Mutti eines Tages mit heller Stimme. „Und stellt euch vor, Oma hat sogar Lebensmittelmarken geschickt." Das wurde ein richtiges Festessen, auch deshalb, weil unsere Mutter so fröhlich lachte. Oft war die Stimmung bei Tisch bedrückt, wenn sie nicht wusste, wie sie uns das trockene Brot schmackhafter machen konnte. Einmal verteilte sie den feuchten Kaffeesatz wie Brotaufstrich auf die Schnitten. Ein anderes Mal hatte sie Zucker, den sie sparsam über die Margarinebrote streute – das war ein Festmahl.

Fliegeralarm

In dieser Zeit mussten wir in Schönebeck immer öfter nachts in den Luftschutzkeller. Wenn die Sirenen aufheulten, wurde das Haus lebendig. Wir hatten gelernt, uns im Dunkeln die Pantoffeln anzuziehen und mit unserem warmen Oberbett ausgerüstet im Vorratskeller einzufinden. Die Diele knackte unter dem Getrappel der vielen Füße, bis sich irgendwann die Kellertür schloss.

Einmal hatte ich Mumps und schaffte es nicht aufzustehen, als die Sirenen warnten. Niemand kam, um mir zu helfen, jeder hatte mit sich selbst zu tun. Ich saß noch auf der Bettkante, fiebrig, mit schwerem Kopf, als unten die Tür zum Keller zuging. Jetzt begriff ich, dass ich nicht mit Hilfe rechnen konnte. Mühsam suchte ich die Pantoffeln und hüllte mich ins Oberbett ein, wankte die Treppen hinunter. Im Vorratskeller brannte eine schwache Funzel. Dort hatte jeder bereits sein Plätzchen gefunden. Auf der Matratze in der Kartoffelkiste war mein Lager bereit. Ich verkroch mich unter der Decke. Die Brüder spielten mit dunkelgrauen Gasmasken, die bedrohlich aussahen und durch die man mit einem lustigen schnarrenden Geräusch Luft nach außen blasen konnte. Unsere Mutter gab dem Brüderchen die Flasche. Karl-Gustav, genannt Bubi, schrie oft und lange. Jetzt trank er, und wir alle hofften, er würde nicht austrinken. Meistens ließ er einen Rest übrig und machte damit eins seiner großen Geschwister glücklich. Heute bekam ich die Zuteilung, ich sollte versöhnt werden mit meiner misslichen Erfahrung. Wir hörten weiter entfernt die Einschläge der Bomben und zogen die Köpfe ein, aber irgendwie fühlte ich mich sicher, bei den Eltern und Geschwistern im tiefen Keller.

Als die Entwarnung kam und wir nach oben in die unversehrte Wohnung zurückkehrten, hörten wir unsere Mutter tief seufzen. Die Eltern traten ans Fenster und schauten in den Nachthimmel. Er war rot hinter gespenstischen Nebelschwaden, und es roch nach Schwefel.

„Geht schnell wieder schlafen", sagte Mutti und schloss das Fenster.

Ich kuschelte mich in die Federn. Was hatten die Eltern unten im Keller gesagt? Manchmal würden Tiefflieger kommen und auf Menschen schießen. Wenn wir dann draußen wären, sollten wir uns deshalb schnell in einen Graben werfen, sobald wir das Brummen hörten.

„Aber wenn er voll Brennnesseln ist?"

„Auch dann."

Und rote Sachen durften wir jetzt nicht anziehen, lieber grüne oder braune. Schade, mein Vater hatte mir neulich ein so schönes rotes Kleid geschenkt! Aber drinnen durfte ich es tragen!

Einmal kam er in dieser Zeit mit dem Fahrrad nach Hause und balancierte eine große Schüssel Eis – rosafarbene, braune und weiße Bällchen. „Woher kommt das?", fragten wir. „Das habe ich organisiert", sagte er geheimnisvoll und freute sich, dass wir etwas zum Schlecken hatten. Er wusste, wie er uns kleine Freuden bereiten konnte, die uns den Schrecken einer schlimmen Zeit für eine Weile vergessen ließen. Zum Beispiel fuhr er mit uns in den Zoo nach Halle. Sonntags führte er seine stattliche Bande stolz aus, dann konnte Mutti sich einen Mittagsschlaf gönnen. Wie oft hörten wir ihn sagen: „Wenn der Krieg aus ist, dann stelle ich eine richtig gute Haushaltshilfe für dich ein." Bislang musste sie mit den jährlich wechselnden „Pflichtjahrmädchen" vorliebnehmen.

Ja, und dann kam der Tag, an dem auch unser Vater eine Uniform trug. Es war im Herbst 1944. Bis dahin war es seiner Firma gelungen, ihn für den Betrieb zu reklamieren, weil er dort angeblich unabkömmlich war. Sicherlich spielte dabei auch die Zahl seiner Kinder eine Rolle. Im Lauf der Kriegsjahre veränderte sich das Klima in der Firma. Eines Tages hatte er eine Auseinandersetzung mit seinem Vorgesetzten. Mein Vater verweigerte sich einer Aufgabe, die er nicht mit seinem Gewissen vereinbaren konnte. Sein Chef, ein überzeugter Nazi, rächte sich dafür, indem er die Reklamation zurücknahm. Ein paar Tage später kam der Stellungsbefehl.

Die Luftangriffe dauerten länger und wurden häufiger und die Reden aus dem Volksempfänger hitziger. Es waren fanatische, sich überschlagende Stimmen. Eines Tages verabschiedete sich unser Vater an die Front ins Weserbergland. Später wurde er nach Quedlinburg verlegt.

„Maikäfer flieg, dein Vater ist im Krieg"

Unsere Mutter wartete täglich auf einen seiner grauen Feldpost-briefe. Ein Brief war der Beweis, dass er lebte, genau gesagt, dass er vor drei Tagen noch gelebt hatte. Was er berichtete, mochte sie mit uns Kindern nicht teilen, aber wir spürten, dass es sie belastete. Nacht für Nacht heulten uns jetzt die Sirenen aus dem Schlaf. Wir hatten es lange genug geübt, das nächtliche Aufste-hen. Aber dass unser Vater nicht mehr bei uns war, um uns zu beruhigen, machte das Warten auf die Entwarnung zur Folter.

Tagsüber spielten wir auf der Straße unsere Kriegsspiele wei-ter: „Die Russen kommen", „Deutschland erklärt den Krieg ge-gen …" und das „Heil-Hitler-Spiel". Anni und ich liebten es. Dabei marschierten wir auf Kommando aufeinander zu, schlu-gen die Hacken zusammen und grüßten mit ausgestrecktem Arm, schrien laut: „Heil Hitler", um uns danach zu schütteln vor Lachen.

Eines Tages kam Mutti aufgeregt heraus und sagte: „Ihr dürft das nicht mehr rufen, Kinder!" Wir verstanden nicht ganz. Sie schaute uns ernst und eindringlich an. Dann flüsterte sie: „Sie sagen, Hitler sei tot!"

Auf der Straße standen die Leute in kleinen Gruppen zusam-men und flüsterten. Am Abend sagte ich: „Als der Heil-Hitler gestorben ist, das war sicher eine große Beerdigung!" Mutti schwieg – ihr Mund war schmal wie ein Strich. Wie eine schwe-re Dunstglocke hatte sich die Niedergeschlagenheit über unsere trostlose Stadt gesenkt. Die Zukunft sah bedrohlich aus – es würde nicht mehr lange dauern, bis Deutschland kapitulieren musste, und was dann? „Wenn der Krieg aus ist, dann brauchen wir nicht mehr in den Keller", sagte unsere Mutter. „Und dann muss Vater nicht mehr Soldat sein", ergänzte meine Schwester Doritha. Ich war zu dem Zeitpunkt vier Jahre alt.

Wir warteten. Der Krieg war aus und verloren. Das Land

hungerte, blutete und trauerte. Täglich lief unsere Mutter dem Briefträger entgegen. „Wieder keine Feldpost?" Unser Vater hatte regelmäßig im Abstand von zwei bis drei Tagen geschrieben, und nun war bereits eine Woche verstrichen. Der Postbote bedauerte. Jeden Tag das Gleiche: Hoffen und Enttäuschung. Langsam lagerte sich die Traurigkeit um unser kleines Haus, und dann zog sie bei uns ein und nahm jeden Winkel der Wohnung in Besitz. Sie nistete sich in die Betten ein und nahm uns beim gemeinsamen Essen den Appetit weg.

Eine große Unsicherheit bestimmte unser Alltagsleben. Vielen Bekannten erging es ähnlich. Man hörte von Soldaten, die nach Sibirien verschleppt worden waren. Überall wartete man auf irgendein Lebenszeichen von den verschollenen Männern. Einige Familien würden ihr Leben lang warten. Wir bekamen Nachricht, als der Sommer zu Ende ging. Ein kurzes, sachliches Telegramm aus der Superintendantur Gernrode beendete das unerträgliche Warten. Die Familie versammelte sich am Wohnzimmertisch, um zu trauern. „Unser Vater ist gefallen!" Alle weinten. Hatte es in uns nicht seit Wochen geweint? Wir hatten den großen Druck kaum ausgehalten und uns in Tapferkeit geübt. Jetzt durften wir unsere Tränen zeigen. Aber ich dachte: Warum weinen sie bloß? Wenn ich falle, sagen sie: „Steh auf, das ist doch nicht schlimm!" Ich weinte, weil alle weinten.

Ich verstand vieles nicht, was damals vor sich ging. So beschloss ich einfach, dass mein Vater eines Tages wieder zurückkommen würde – und dann würde sich alles zum Guten wenden.

Flucht gen Westen

Eine seltsame Geschäftigkeit bestimmte in den kommenden Wochen unser Familienleben. Unsere Mutter begann Schränke auszuräumen und verschenkte große und kleine Schätze an Nachbarn und Freunde. Sie nahm die Übergardinen ab, nähte daraus Rucksäcke und stopfte sie voll mit Unentbehrlichem: Kissen und warmen Decken, Windeln für Bubi, Essbesteck. „Für unterwegs", sagte sie. „Wir versuchen, aus der sowjetischen Zone zu fliehen, es soll Möglichkeiten geben, über die grüne Grenze in den Westen zu kommen. Wir müssen es versuchen."

Unsere Mutter wirkte mutig und stark in ihrem Entschluss, ein großes Risiko einzugehen. Man hörte von Erschießungen und Verschleppungen, wo immer kleine Flüchtlingstrecks die Zonengrenze zu überwinden versuchten.

Ein junger Mann hatte uns seine Dienste angeboten. Er kenne sich bestens aus im Grenzgebiet und würde uns sicher auf die andere Seite bringen. Opa hatte Geld aus Wiehl geschickt, damit wir ihn angemessen bezahlen konnten. Nun nähte meine Mutter uns noch Geldscheine in die Rock- und Mantelsäume. Leute kamen, um unsere Möbel und den übrigen Hausrat abzuholen, die Möbel als Leihgabe. Dann ging es bei Nacht und Nebel los, auf einem offenen Lastwagen. Es war bereits November und ungemütlich kalt. Wir hatten doppelt und dreifach warme Kleidung angezogen. Dennoch mussten wir uns aneinanderkuscheln, um den eisigen Wind nicht so zu spüren. Viele andere Grenzgänger fuhren mit auf diesem Transport. Sie hatten ernste Gesichter und sahen hungrig und müde aus. Was uns alle miteinander verband, war die große Sorge, ob wir es über die Grenze schaffen würden.

Kurz vor Helmstedt hielt der Lkw an der Autobahn an. Man erklärte uns den Weg durch den Wald, den wir uns selber suchen sollten. Es war noch dunkel und es fing an zu regnen. Unser

Fluchthelfer schien doch nicht so ortskundig zu sein, wie wir geglaubt hatten. Schon waren wir in eine Falle getappt. „Stoj!" (Stehen bleiben!) Russische Soldaten stellten sich uns in den Weg. „Papiere? Papiere!", forderten sie.

Wir hatten keine Ausreisepapiere. Als Nächstes mussten wir die Rucksäcke ausleeren. Man suchte sich heraus, was brauchbar war, und schickte uns weiter durch den Wald, von einem Grenzposten zum andern, bis wir an einem Bahnwärterhäuschen landeten. Dort saßen viele Leute dicht zusammengedrängt in feuchten Mänteln. Dicke Luft zum Schneiden! Alle waren geschnappt worden. Es hustete, schniefte und seufzte um uns herum.

Sowjetische Soldaten machten sich über Kleider-, Mantel- und Hosensäume her und beförderten eine Menge Geldscheine ans Tageslicht. Auch Opas Geld verschwand auf Nimmerwiedersehen. Zorn und Verzweiflung durften wir nicht zeigen. Die Soldaten hatten Gewehre dabei und drohten jedem, der ungemütlich wurde, mit Erschießen.

Jetzt wurde unser junger Fluchthelfer verhört. „Papiere?" Er hob die Schultern mit einer Geste des Bedauerns.

„Du nix Papiere, du sterben!" Der Soldat richtete sein Gewehr auf den jungen Mann.

Der rief voller Verzweiflung: „Gnade, Gnade, ich habe eine Frau mit sieben Kindern!"

Nun mischte sich der Kommandant ein. „Du nix Papiere, du Geld geben, du Uhr geben, deine Frau Uhr?" Jetzt war unsere Mutter dran. Sie sagte: „Ein Soldat hat mir im Wald die Uhr abgenommen." Der Offizier wurde zornig. Er ließ seine Mannschaft antreten. Unsere Mutter sollte ihm den Täter zeigen, aber sie fürchtete, dass das für diesen ein Todesurteil zur Folge haben würde. Die jungen, verwegenen Russen starrten sie ängstlich an. Mutter war selbst entnervt und am Ende ihrer Kraft, aber sie fand die richtigen Worte. „Der Soldat ist nicht dabei!", sagte sie, nachdem sie die Reihe abgesucht hatte. Wir Kinder vergingen vor Angst, man würde unsere Mutter wegführen, aber die Lage entspannte sich wieder.

Das Schlimmste traf nicht ein, aber das Zweitschlimmste: Kurz vor Mitternacht drängte man uns in einen bereits überfüllten Viehwaggon, der zurück nach Magdeburg fuhr. Auf einem Abstellgleis weit draußen spuckte der verdreckte Wagen seine ungebetenen Gäste aus. Schönebeck konnten wir nur zu Fuß erreichen. Es ging quer durch eine unübersichtliche, gespenstische Schienenlandschaft, die lebhaft befahren und kaum beleuchtet war. Ein Kinderwagen segnete das Zeitliche und blieb einfach liegen. Er hatte Anni und mich abwechselnd befördert. Erschöpft nach den Strapazen, Aufregungen und Enttäuschungen des Tages stolperten wir über die Gleise. Unsere Mäntel waren schwer vom Regen, und unsere kleinen Beine konnten uns kaum noch tragen.

Endlich! Unser Häuschen! Dunkel und verlassen wartete es auf uns. Erleichtert schloss Mutter es mitten in der Nacht wieder auf. Wir waren alle unversehrt geblieben.

Es war unbeschreiblich gut, wieder ein Dach über dem Kopf zu haben – und die guten Freunde! Sie halfen und trösteten uns. Die Hoffnung, schwarz über die Grenze zu gelangen, war uns genommen. Aber eine Existenzgrundlage im vertrauten Schönebeck hatten wir auch nicht mehr. Wo war denn nun unser Zuhause?

Seitdem fuhren in meinen nächtlichen Träumen Züge und Straßenbahnen auf einem Gewirr von Schienen hin und her und kamen mir immer näher, und wenn ich ihnen ausweichen wollte, lief ich auf den nächsten Zug zu.

Sieben Koffer und sieben Kinder

Jetzt wurden unsere Großeltern in Wiehl aktiv. Opa hatte als Metzgermeister mit einem guten Stück Fleisch schon so manche verfahrene Situation gerettet. Er sprach bei den zuständigen Behörden vor, bat um Verständnis für eine Kriegerwitwe mit sieben Kindern und verbürgte sich für die Versorgung der Familie. Es gelang ihm, eine Bescheinigung zu bekommen, die uns als Oberberger auswies. Dadurch kamen wir auf eine Liste der Evakuierten, die aus dem Rheinland stammten und vorübergehend in Sachsen-Anhalt Schutz gesucht hatten. Sie sollten jetzt in ihre Heimat zurückreisen und bekamen die Ausreisepapiere aus der sowjetischen in die amerikanische Zone. Es hieß, wir sollten uns bereithalten, wir würden kurzfristig aufgerufen, sobald der Transport möglich war. Wir saßen also auf den gepackten Koffern und warteten. Im Keller gab es einen Rest Lagerungskartoffeln und Marmelade, das musste als tägliche Energiequelle reichen.

Dann kam der zweite Aufbruch, diesmal fast legal und mit der Aussicht auf einen guten Ausgang. Wir fanden uns mit sieben Koffern und einem Kinderwagen auf dem Bahnhof ein.

Die elfjährige Marlene trug damals schon eine Menge Verantwortung für ihre kleinen Geschwister. Ihre Aufgabe unterwegs war, sieben Kinder und sieben Koffer im Auge zu behalten. Aus den Erzählungen unserer Tante Ruth, die kurz zuvor aus dem ostpreußischen Elbing geflohen war und für einige Wochen bei uns Unterschlupf gefunden hatte, wusste sie, wie es auf den Trecks aus dem Osten zugegangen war, wie Kinder verloren gegangen waren, Menschen am Wegrand gestorben waren, wie der Mensch zum Tier wurde, um nicht zu verhungern. Tante Ruth hatte ihr Baby unterwegs verloren, als der Zug beschossen wurde. In ihren Armen war das Kind von einer Kugel getroffen worden.

Marlene wusste, dass dies hier kein solcher Treck werden würde, aber sie hatte große Angst, eins ihrer Geschwister zu verlieren. Ständig zählte sie bis sieben – gebetsmühlenartig – auch später noch, als wir im Lager in Sicherheit waren.

Es wimmelte von Exil-Rheinländern, die seinerzeit den Luftangriffen im Rheinland entkommen waren. Unser Zug wurde immer wieder gestoppt, und man hörte Gewehrschüsse. Im Kinderwagen schlief der neunzehn Monate alte Bubi. Ab und zu entsorgte Mutti eine volle Windel durchs Zugfenster. Wir atmeten auf, als es hieß, dass wir kurz vor dem Zielpunkt Marienborn seien. Dort gab es einen Fußweg über die Grenze, die von amerikanischen Soldaten bewacht wurde. Wir stiegen aus und liefen wieder durch Wälder von Kontrolle zu Kontrolle. Ein freundlicher Soldat warf mir etwas Braunes zu. Ich wusste nicht, was das war, und ließ es fallen. „Das ist Schokolade, Gitti, das schmeckt gut", wusste Martin. Ich hob es auf. „Man sagt ‚thank you'", belehrte mich mein großer Bruder. Ich folgte seinem Rat und sagte: „tänkju." Dann steckte ich das braune Stück in den Mund und ließ es auf der Zunge zergehen – es war wirklich unbeschreiblich gut! In meinem kleinen Kopf hatte sich festgesetzt, dass Amerikaner lieb waren und Russen böse.

Wir kamen in ein Auffanglager, wo wir in einer riesengroßen Halle auf Stroh schliefen und eine dünne, heiße Suppe erhielten. Dann mussten wir eine Entlausungskampagne über uns ergehen lassen, obwohl wir keine Läuse hatten. Man fürchtete das Fleckfieber, das die Läuse übertrugen. Wir hofften, dieses schreckliche Lager schnell hinter uns zu bringen, schon wegen der mangelhaften sanitären Hygiene. Da stand im Toilettenraum ein großer Kübel von fünf Metern Durchmesser, auf dessen Rand die Leute rundherum saßen. Der Gestank war bestialisch, und das Gefühl, zwischen Himmel und Hölle zu schweben, bot Stoff für meine jahrelangen Albträume.

Im nächsten Lager erging es uns nicht besser. Flüchtlinge mussten tagelang warten, bis ihnen weitergeholfen wurde. Ein drittes Lager sollte uns aufnehmen, da entschied unsere Mutter energisch, auf eigene Faust den Weg nach Hause zu suchen.

Sie fand einen Zug, der in Richtung Niederrhein fuhr. Ihm fehlte allerdings jegliches Fensterglas, das wir Ende November sehr entbehrten. Mutti zog unsere Wolldecken aus den Koffern und befestigte sie vor den zugigen Fensterlöchern – darüber freuten sich auch die Mitreisenden. Die Bahn war überfüllt, und als wir uns unserem Umsteigeziel Lehrte näherten, konnten wir kaum unsere Koffer wiederfinden. Man hatte die Gepäckstücke immer hin und her geschoben. Niemand wollte uns behilflich sein, die Wolldecken von den Fenstern zu nehmen. Unsere Mutter kämpfte wie eine Löwin um ihr Recht, dann standen wir endlich auf dem Bahnsteig. Mit allen Siebensachen, oder? Marlene rief aufgeregt: „Ein Koffer fehlt noch!" Der Schaffner wollte gerade pfeifen. Großes Gerangel im Zug, Rufen, Schimpfen. Endlich kam das Gepäckstück. Tiefes Durchatmen – wir hatten es geschafft. „Das hast du gut gemacht, Marlene", lobte Mutti, „ausgerechnet der wichtigste Koffer wäre beinahe verloren gegangen."

Ein Güterzug brachte uns nach Wanne-Eickel. Er war mit Zement beladen. Eiskalter Wind pfiff uns um die Ohren. In Wanne-Eickel kamen wir ganz verstaubt an und freuten uns über ein heißes Getränk in der Bahnhofsmission, bevor wir nach Hagen weiterreisten. Diesmal durften wir in einem sauberen und geschlossenen Postwagen reisen, ohne Eiswind und Zementstaub. Wir waren inzwischen fast eine Woche unterwegs und noch nicht aus den Kleidern gekommen. Aber nun näherten wir uns Dieringhausen. „Und dann sind wir ganz nahe bei den Großeltern", sagte Mutti hoffnungsvoll und seufzte tief.

Ja, nun trennten uns nur noch acht Kilometer von unserem Ziel. Es gab ein Telefon, sodass wir unseren Opa über unsere Ankunft verständigen konnten. Er hatte schon vorgesorgt. Ein Freund war bei den Amerikanern beschäftigt und verfügte über ein Auto. Er hatte Opa versprochen zu helfen. Ausgerechnet am

Tag seiner Silberhochzeit wurde er nun als Chauffeur gebraucht, aber er zögerte keinen Moment und ließ seine Gäste für eine wichtige Mission im Stich.

In Omas großer Wohnküche war es hell und sauber, warm und heimelig, und es duftete herrlich – sie hatte Gulasch zu unserem Empfang gekocht. Wir aßen mit Heißhunger und wurden krank, weil wir seit Wochen kein Fett mehr bekommen hatten.

Unter dem großen Dach

Was für ein Glück, Großeltern zu haben! Welch ein Segen, dass sie ein großes Haus besaßen und dass dieses heil durch den Krieg gekommen war! Opas Haus an der Wiehlbrücke in der Bahnhofstraße hatte keinen Treffer abbekommen, als die Alliierten die Ortsmitte unter Beschuss nahmen. Das Rathaus gegenüber hatte lichterloh gebrannt, ebenso einige Wohnhäuser in der Nähe. Dem Kirchturm hatte man das Dach weggeschossen. Opa erzählte: „Wir wussten, dass unsere Wiehlbrücke von den Deutschen gesprengt würde, wenn die alliierten Truppen uns zu nahe kamen. Dann wäre unser schönes Haus nicht heil geblieben. Ein Mann aus dem Kölner Raum sollte die Sprengung durchführen und sich für den Befehl bereithalten. Aber er war ein Schlaumeier. Und mutig dazu! Es gelang ihm, im entscheidenden Moment einfach verschwunden zu sein. Der Kommandeur war außer sich vor Wut. Er hätte ihn an die Wand stellen lassen, wenn er ihn gefunden hätte. Wie durch ein Wunder blieb unser Haus heil, und jetzt war es uns möglich, unsere Dankbarkeit auszudrücken und Evakuierte aus Köln aufzunehmen. Und für euch ist auch noch Platz."

Viele Flüchtlinge aus dem Osten hatten in Wiehl nach einer

notvollen Flucht eine neue Bleibe gefunden. Irgendwo bekamen sie ein Zimmer zugeteilt, wo die ganze Familie hausen musste, sich Küche und Toilette mit den anderen Flüchtlingen auf der Etage teilte. Ihr ganzes Glück bestand darin, dass sie überlebt hatten, aber oft empfanden sie das auch nicht als Glück. Sie waren verlaust und krank angekommen, abgemagert bis auf die Knochen, hatten auf dem grausamen Treck Schreckliches erlebt. Manche mussten einen lieben Menschen, ein Kind oder eine Oma, am Straßenrand tot zurücklassen. Ihre Kinder sollten am fremden Ort in die Schulen und wurden gemieden – man könnte sich bei ihnen anstecken –, und sie rochen nach Schweiß und ungewaschener Kleidung.

Wir hatten es gut! Die Großfamilie rückte enger zusammen, sodass zwei Zimmer und eine Küche für uns frei wurden. Außerdem konnte Opa gut organisieren. Er hatte allerbeste Beziehungen zu den Viehzüchtern. Hin und wieder schlachtete er verbotenerweise ein Tier und hatte dann etwas Fleisch zum Tauschen: Eier, Gemüse, Kartoffeln, Kleidung und vor allem Heizmaterial bekamen wir auf diese Weise … Wir lebten sehr einfach, mussten aber nicht hungern, obwohl die Versorgung mit Lebensmitteln 1946 total zusammengebrochen war.

In schweren Zeiten kann eine Großfamilie leichter überleben als andere. Die zahlreichen Geschwister meiner Eltern – fast alle wohnten in der Nähe – ließen uns nicht allein. Alle bemühten sich, uns das Einleben zu erleichtern. Jeder nahm unserer Mutter ein Stückchen Last ab.

Aber das Leben auf engem Raum führte unweigerlich zu Spannungen. Unsere Oma war eine sensible Frau. Sieben Enkelkinder zusätzlich wollten verkraftet werden. Da hatte Opa, ein praktischer Mann, eine fantastische Idee. Seine Fachwerkscheune in Wülfringhausen war eigentlich überflüssig geworden, er brauchte sie weder für Viehhaltung noch als Lagerschuppen. „Die kann man doch umbauen, ein Wohnhaus draus machen", meinte er. Vaters Bruder, Onkel Hermann, hatte sich auch Gedanken über

27

uns gemacht und stellte Geld zum Bauen zur Verfügung. Seine Spinnerei in Derschlag brachte mehr ein, als er für seine eigene große Familie benötigte. So standen schon bald die Umbaupläne fest. Wir würden wieder ein eigenes Häuschen bewohnen.

Es geht bergauf

Im kommenden Jahr tat sich etwas in den Regalen der Geschäfte. Beim Bäcker Lüttringhaus am anderen Ende der Bahnhofstraße gab es neben dem grauen, schweren Maisbrot neuerdings das herrliche Weißbrot. Die Menschen standen in einer Schlange, die bis zum Rathaus reichte. Das Brot war zwar teuer und wurde scheibenweise verkauft, aber es kündigte eine neue Ära an: Es geht bergauf, Leute, die Amerikaner schicken Weizenmehl! Opa bekam dieses Weißbrot, weil er keine Zähne mehr hatte, und Oma schenkte uns die Krusten, die wir mit großem Genuss so lange kauten, bis sie ganz süß schmeckten.

An meinem sechsten Geburtstag prangten zwei Weißbrotscheiben mit Butter – guter Butter! – auf meinem Gabentisch. Meine Familie hatte sich um mich und den Tisch versammelt. Alles starrte die Brote an. Das Glückwunschlied erklang aus sieben hungrigen Kehlen, dann fragte Anni in die Stille hinein: „Darf ich mal beißen?" Anni und ich teilten alles: die Kleidung, das Bett, die Kümmernisse und Freuden, und eben auch lukullische Sonderrationen. Ich spürte einen Stich in der Herzgegend, aber hätte ich ihr den Wunsch abschlagen können? Also reichte ich ihr eine Schnitte. Sechs Augenpaare verfolgten neidvoll ihr Tun. Sie biss nur einmal, dafür aber kräftig hinein, dann kam ein elender Halbmond zu mir zurück. Die Geschwister standen immer noch spannungsgeladen daneben, und ich wusste, gleich würde jemand fragen: „Ich auch?"

Da tat ich das einzig Richtige: Ich nahm mein Brot und verschwand damit im Keller. Unbehelligt vertilgte ich mein Geburtstagsfrühstück und dachte: Wenn unser Vater wiederkommt, dann …

Alles sollte gut werden, aber niemand wusste, was genau uns die Zukunft bringen würde – sie lag so undurchschaubar wie eine dunkle Wolkenwand vor uns. Bald würde ich zur Schule gehen, aber woher würde der Ranzen kommen? Die Tafel? Der Griffelkasten? Ich beschloss, dass alle Entbehrungen und alle Unsicherheiten eine Ende hätten, wenn mein Vater …

Aber da war doch auch mein Opa! Er saß in der großen Wohnküche auf dem dunkelroten Plüschsofa mit den lustigen Bommeln und las die Zeitung. Dann legte er sie beiseite und sagte: „Komm, mein Mubbelchen." Ich war noch nicht zu groß für Opas Schoß. Seine Heiterkeit und Zuversicht und sein praktischer Sinn gaben uns Hoffnung.

Auch Oma betuttelte uns gerne. „Willst du ein Eiweiß?", fragte sie. Ich nickte. Sie band sich eine bunte Schürze über die weiße, setzte die kleine Pfanne auf den Herd und streute ein paar Speckstücke hinein. In einem Glas hatte sie Eiweiße gesammelt. Opa bekam nämlich jeden Morgen ein rohes Eigelb mit Traubenzucker und Rotwein aufgeschlagen, damit er bei Kräften blieb. Jetzt schwatzte das Eiweiß munter vor sich hin, und ich freute mich auf den Leckerbissen. Nachdem ich mich gestärkt hatte, kramte sie in der winzig kleinen Geldschublade oben im Küchenschrank, holte eine Münze und schickte mich zum Bäcker. Sie selbst ging nie einkaufen. Mit fünfundsechzig Jahren auf die Straße gehen? Wie unschicklich! „Wat sollen denn da de Lüh sagen?" Und wenn man neun Enkelkinder unter dem Dach hat, findet man immer eins, das gerade Langeweile hat.

Oma hatte ein rundes, rosiges Gesicht, ihr weißes Haar war glatt nach hinten gekämmt und im Nacken zu einem Knoten gebunden. Sie trug stets schwarz, mit einem weißen Bubikragen als Halsabschluss, adrett und sauber, als wollte sie Besuch empfangen. Ihre weiße Schürze war immer sauber und gestärkt. Wenn sie mit Opa frühstückte, tranken sie aus verschnörkelten Tassen, auf denen stand: „Mit Gott, für Kaiser und Reich." Und der Kaiser Wilhelm auf dem goldverzierten Porzellan schaute ihnen wohlgefällig lächelnd zu.

Opa hatte seinen Ruhestand wirklich verdient! Seinen Schlachthof und den Fleischerladen hatte er Onkel Otto übergeben, seinem jüngsten Sohn. Montags hörten wir durchs geschlossene Fenster ein Schwein quieken oder eine Kuh brüllen, bevor sie im Schlachthaus daran glauben mussten. Dann hielt ich mir die Ohren zu. Nie würde ich verstehen, warum ein so feinfühliger Mensch wie Opa einen so schrecklichen Beruf ausüben konnte. Das musste er mir erklären. Er sagte: „Ja, Mubbelchen, denkst du denn, ich hätte mir meinen Beruf aussuchen können? Den hat mein Vater mir befohlen. Aber schau, wie gut, dass wir jetzt die Metzgerei haben …" Ich verstand. Auf Omas Herd, der immer blitzblank gescheuert war, köchelte eine Fleischsuppe vor sich hin. Das ganze Haus war erfüllt von dem Duft. „Jaha", sagte Opa, „wir haben auch ein besonderes Rezept! Ich habe das unseren Kunden immer empfohlen: Ein großes Stück Fleisch und eine kleine Menge Wasser! Dann wird die Suppe ausgezeichnet!"

Opas Augen waren matt geworden. Er brauchte eine starke Brille, und er wusste, es würde immer schlechter werden mit den Augen. Aber er war kein Freund von Traurigkeit. Mit einer Lupe las er seine Bibel, die ganz abgegriffen aussah, und entsprechend gut kannte er sie. Von ihm sagten die Leute in Wiehl, dass er die Bibel nicht nur kannte, sondern auch danach lebte. Man wusste, dass er auch bei den jüdischen Kunden hoch im Ansehen gestanden hatte, weil er ihnen stets Extrarationen ins Fleischpaket gepackt hatte. Das hätte ihn teuer zu stehen kommen können!

Opa hatte seine Kundschaft Woche für Woche bis nach Wuppertal versorgt. Wenn er montags und dienstags geschlachtet hatte, zog er mittwochs mit einer schweren Kiepe los, um seine Kunden zu beliefern. Freitags war er zurückgekommen. Wo es keine Zugverbindung gab, hatte er zu Fuß gehen müssen. Im Winter hatte er einen Hundeschlitten benutzt. War er deshalb so gesund?

Später, als Opa achtzig wurde, feierte ganz Wiehl mit. Die Gesangsvereine stellten sich ein mit munteren Liedern. Hören konnte er noch, sehen kaum. Dass wir Enkelinnen uns mit bunten Papierservietten Schmetterlinge ins Haar gesteckt hatten, hat er vielleicht nicht wahrgenommen. Wir feierten auf unsere Weise, drehten uns vor dem großen Spiegel im Schlafzimmer, genossen unsere Schönheit. Diese Servietten waren der letzte Schrei. Man benutzte sie und warf sie dann doch tatsächlich weg! Und überhaupt: Opas Fest war nicht wie bei armen Leuten! Riesige Platten mit Kuchen und belegten Brötchen ließen heitere Feststimmung aufkommen, und Opa sagte stolz: „Esst, Leute, es ist genug da!" Das ließ sich niemand zweimal sagen.

Eine neue Heimat

Zu dieser Zeit hatten wir unser Häuschen bereits bezogen. Unsere Mutter war noch einmal nach Schönebeck in Sachsen-Anhalt gereist, um unsere Möbel zu holen, denn was würde uns ein Haus ohne Betten, Schränke und Tische nützen? Die Möbel standen in Schönebeck bei den Nachbarn und Bekannten unter. Als unsere Mutter dort anklopfte, um die Sachen abzuholen, war sie nicht unbedingt willkommen. Widerwillig räumte man die Schränke aus. Man hatte doch gehofft … na ja. Und Neid kam auch auf. „Alle machen rüber, in den Westen, und wir?"

Mühsam gelang es ihr, einen Möbeltransport zusammenzustellen. Ob er heil bis nach Wiehl kommen würde? Im Chaos der Nachkriegszeit war mit allem zu rechnen. Man musste es riskieren, nichts unversucht lassen. Unsere Mutter kam erschöpft zurück, aber sie war zufrieden, das Menschenmögliche gewagt zu haben.

Eines Tages erscholl in Opas Haus der Ruf: „Der Transport ist da!!" Alles lief im Hof zusammen. Tatsächlich, da stand der Möbelwagen – und wir glaubten wieder an Wunder.

„Nun können wir bald ausziehen in ein eigenes Haus", sagte Mutti zufrieden. Und jetzt, beim Anblick unserer vertrauten Möbelstücke aus Schönebeck, war es uns, als wären wir fast schon zu Hause.

Unsere neue Heimat, das kleine Dorf Wülfringhausen, lag nur einen Kilometer nördlich von Wiehl entfernt. Bei Südwind konnten wir die Wiehler Kirchenglocke hören. Zwanzig Häuser gehörten zum Weiler, davon waren drei Bauernhöfe. Die Landwirte hatten einen schweren Stand, weil der steinige oberbergische Boden keine guten Erträge hervorbrachte. Die Feldarbeit grenzte an Schinderei, aber gerade in den Jahren nach dem Krieg waren es die Bauernhöfe, die das Überleben hungriger Menschen sicherten – auch in unserem „Hof", wie das Dorf genannt wurde. Hier hatte jedes Haus außerdem auch einen Gemüsegarten und Platz für Kleintiere: Kaninchen, Hühner, Gänse. Tante Mariechen, unsere betagte Nachbarin, hielt sogar ein Mastschwein, mit dem sie regelmäßig spazieren ging. Ihr Schwein strebte mit Vorliebe auf die beschattete Bank zu, die gegenüber der baptistischen Kapelle stand. Neben dem Sitzplatz gab es den Suhlplatz, eine immerzu größer und stets tiefer werdende Pfütze, in der das geliebte Tier sich rundherum wohlfühlte.

Die kleine, rundliche Siebzigjährige mit der Doppelwarze auf der Nase bewohnte ein viel zu großes Haus. Früher waren die Leute aus dem Wuppertaler Raum gerne zur „Pension Noss" in die Sommerfrische gekommen. Nun war Tante Mariechen zu gebrechlich, um das stattliche Anwesen zu pflegen. So machte sie aus ihrer Not eine Tugend und schenkte das Haus einer aus Lodsch in Polen vertriebenen Diakonissenschaft. Fünfzehn Schwestern fanden hier eine neue Heimat. Die meisten von ihnen waren bereits in vorgerücktem Alter und wussten nach der Flucht diesen Ort der Ruhe zu schätzen. Und sie, Tante Mariechen, gehörte bis zu ihrem Lebensende zum „Inventar" des Hauses. Später, als auf der Anhöhe oberhalb des Dorfes ein schönes Seniorenheim entstand, bekamen diese Diakonissen ein sinnvolles Betätigungsfeld.

Opas Scheune fristete seit Langem ein Schattendasein unterhalb des Diakonissenhauses, aber kürzlich hatte sie ein Gesicht bekommen: Fenster, Türen, einen Schornstein. Zwischen den stattlichen bergischen Häusern in schwarz-weißem Fachwerk oder grauem Schiefermantel wirkte die Hütte ärmlich mit der grauen Holzverkleidung, doch nun war sie zu neuem Leben erwacht: Man hörte es im Innern hämmern und sägen – und manchmal singen. Zügig ging der Innenausbau voran. Neugierig auf unser zukünftiges Zuhause pilgerten wir Kinder an freien Nachmittagen nach Wülfringhausen und spähten durch die niedrigen Fenster ins Innere. „Nur noch drei Wochen, dann ist es so weit", sagten meine großen Geschwister – und wir freuten uns.

Mein Heim ist mein Schloss

„Wo ist Bubi? Hat jemand Bubi gesehen?" Wir zuckten die Schultern. Vorhin hatte unser Jüngster noch zufrieden vor sich hin gesungen, jetzt war er weg: Ausgebüchst! Wir schwärmten aus. Das Gelände um Opas Haus war groß, es reichte bis hinunter ans Flüsschen, das sich munter durch den Ort schlängelt. Wir suchten Schuppen und Scheunen ab, die Räucherkammer, den Heuboden, den Garten, die Wiese, auf der ein paar schlachtreife

Kühe sich die letzten Pfunde anfraßen und uns verständnislos anschauten. Er war doch wohl nicht in die Wiehl gefallen?

Auch hier keine Spur von unserem Dreijährigen, Gott sei Dank! Aber wo mochte er stecken? Jetzt befragten wir die Leute auf der Straße. Niemand wollte ihn gesehen haben. Oder doch? „Ja, da war ein kleiner Junge, barfuss, der lief in Richtung Wülfringhausen, hatte eine Tasse in der Hand." Das war eine heiße Spur!

Bubi hatte bereits den Wiesengrund am Fuß des „Kampfeldchens" erreicht, als wir ihn einholten. Behutsam transportierte er eine Tasse mit Wasser, in der anderen Hand hielt er einen Backpinsel. Er war gar nicht einverstanden, dass wir ihn störten. „Ich wollte doch unser Haus anstreichen!"

Unser „neues" Haus hätte einen Anstrich wahrhaftig nötig gehabt. Nach dem Umbau war es weder Scheune noch Haus, ein Zwitterding eben, nicht schön, nur zweckmäßig – eine Scheune mit Fenstern und einer Haustür. Und diese Haustür war obendrein ein Anstoß für die Nachbarn. Sie besaß keine Klinke, sondern einen Knopf, und wenn sie zu war, konnte niemand ungefragt eintreten. Das störte die Wülfringhauser, denn es war im Dorf seit eh und je üblich, dass man unaufgefordert Zutritt zu jedem der zwanzig Häuser hatte. Jeder wusste fast alles von jedem. Wozu dieser komische Knopf? Wir hatten doch nichts zu verheimlichen!

Bubi hatte versucht, unser Haus schöner zu machen, aber zunächst mussten wir zufrieden sein, dass es überhaupt bewohnbar geworden war. Sechs kleine Zimmer, eine Toilette und vor allem: ein Badezimmer ganz für uns alleine – welch ein Luxus!

Samstags wurde der Badeofen geheizt. Mein Bruder Lothar sorgte für das Holz und entzündete das Feuer. Viermal füllten wir die Badewanne mit frischem heißem Wasser. Je eine Füllung reichte für zwei Personen. Die große Frage war, wer zuerst baden durfte. Der Zweite hatte das Nachsehen, und ab und zu kam es zum Streit. Dann erzählte Mutti die Geschichte von Pastors. Sie badeten alle nacheinander im selben Wasser, zuerst der Herr Pastor, dann die Frau Pastor, dann die Kinder und zum Schluss das Hausmädchen.

Wir dachten zurück an unsere Badetage in Wiehl. Dort hatte die graue Zinkwanne auf zwei Stühlen in der engen Küche geruht. Wir hatten sie mit Wasser gefüllt, das mühsam auf dem Herd erhitzt worden war. Dann konnten zwei oder drei Kinder hintereinander darin baden. Anschließend hatten wir mit Eimern das seifige Wasser wieder herausgeschöpft, um die Wanne erneut zu füllen. Wenn die Großen gebadet hatten, hatten sie sich aus einer Leine und Kleidungsstücken einen Sichtschutz gebaut. Waren wir jetzt nicht glücklich und reich im eigenen Haus? Wie gerne breiteten wir uns aus, zu zweit in einem Schlafzimmer, mit einem eigenen Fach im Schrank! Ein kleiner Tisch passte auch noch hinein, dort würden wir in der warmen Jahreszeit unsere Schulaufgaben machen.

Die Küche mit dem großen Herd im unteren Bereich war der wichtigste Platz im Haus, und zum Essen konnten wir uns am langen Tisch im Wohnzimmer nebenan versammeln. Da war es zwar eng, aber immer warm, gemütlich und lebendig. Hier wurde erzählt, gelacht, gelernt, geschimpft, gestritten.

Manchmal drohte ein Chaos, dann wandte Mutter einen Trick an und zitierte unseren Vater. Er hatte in Schönebeck oft gesagt: „Kinder bei Tische sind stumm wie die Fische" und dabei schelmisch mit den Augen gezwinkert. Dieser Satz erinnerte uns an ihn und stellte augenblicklich Ruhe und Ordnung wieder her. Besonders wenn wir irgendwo zu Besuch waren, ermahnte Mutti uns, die Regeln nicht zu vergessen.

Ich muss solche Verhaltensregeln wohl sehr ernst genommen haben. Einmal waren wir bei Freunden eingeladen, Doritha und ich. Wir saßen vorbildlich brav am Tisch. Da bemerkte ich eine grüne Raupe auf dem Salat des Hausherrn, einer absoluten Respektsperson, aber ich traute mich nicht, den Mund aufzumachen. Ich blieb stumm wie ein Fisch. Mit geweiteten Pupillen schaute ich zu, wie die Raupe in seinem Mund verschwand. Er hat es nie erfahren, ist längst eines natürlichen Todes gestorben. Die Raupe hat ihn nicht umgebracht.

Wenn das Holz im Ofen knistert

Wehe uns, als der Winter kam! Es wurde lausig kalt, so frostig, dass in den Schlafzimmern Minustemperaturen den Atem an den Wolldecken zu Reif gefrieren ließen. Bei Opa und Oma im gut isolierten Haus wäre das nicht passiert. Aber unsere Mutter war früh auf den Beinen, um den Herd in der Küche zu feuern. Die kalte Asche vom Vortag sammelte sie in einem Blechgefäß, dann legte sie eine zerknüllte Zeitung auf den Rost, schichtete darüber das Kleinholz und obenauf ein gut getrocknetes Holzscheit. Jetzt kam das Streichholz. Gespannt, in gebückter Haltung, rieb sie sich die kalten Hände, spähte ins Feuerloch – und seufzte erleichtert, wenn die bläulichen Feuerzungen größer und gelber wurden und schließlich hoch hinaufzüngelten. Später würde sie mit Briketts oder Eierkohlen aus dem Kohlewagen unter dem Herd nachheizen.

Sobald das Feuer prasselte, setzte unsere Mutter den Wasserkessel auf und eilte ins Wohnzimmer, um auch dort die Nachtkälte zu vertreiben. Zwei Schornsteine rauchten nun und würden bald ein wenig Wärme in die oberen Räume abgeben, wo wir uns nach einer eiskalten Katzenwäsche gerade zitternd in die Kleider retteten. Wir hörten von unten den Pfeifton des Wasserkessels und beeilten uns, zum Frühstück zu kommen.

Abends konnten wir uns nur schwer von dem warmen Wohnbereich trennen. Allein der Gedanke an die eiskalten oberen Räume schüttelte uns. Unsere Mutter öffnete dann den

Backofen des Herdes, angelte mit einem Herdeisen Ziegelsteine heraus, packte sie in Zeitungspapier ein und legte sie uns in die Arme. Wohlige Wärme durchströmte uns, und geschwind machten wir uns auf den Weg nach oben. Wenn die Ziegelsteine uns im Bett zu hart waren, rückten wir eben näher zusammen, wie die Schäfchen im Stall, und dann war es nicht nur warm, sondern auch weich – und es entstanden die wunderschönsten Gute-Nacht-Geschichten tief unter den dicken Federbetten. Wir ließen sie einfach aus unserer Fantasie entstehen. Langsam glitten wir hinüber ins Traumland.

Das Aufwachen am nächsten Morgen beförderte uns zurück in die frostige Wirklichkeit. Am Fenster blühten die Eisblumen in wunderschönen Formen. Wir hauchten Gucklöcher an die Scheibe, um festzustellen, ob es vielleicht geschneit hatte. Nein, es war viel zu kalt für Frau Holle. Das hatte einen Vorteil: Unsere dürftige Winterkleidung würde auf dem Schulweg nicht nass und schwer werden, unsere Schuhe würden zusammenhalten und nicht aufweichen. Wer Glück hatte, trug sogar ein paar warme Wintersocken. In der Schulklasse, so hofften wir, würde der große Eisenofen mit dem langen Ofenrohr dafür sorgen, dass wir nicht frieren mussten. Dafür waren wir Kinder mitverantwortlich. Wer konnte, spendete ein Holzscheit oder ein Brikett für das Wohlergehen der Klasse.

Aber dann kam das weiße Abenteuer: Es schneite tagelang, und der Schneeberg wuchs immer höher und begrub die Dörfer. Pferdepflüge versuchten, eine Bahn auf der Straße freizuhalten, damit die wenigen Fahrzeuge durchkamen: das Milchauto, das die Kannen vom Milchstand abholen musste, der Lieferwagen, der unseren Dorfladen mit Lebensmittelnachschub versorgte, und die Pferdefuhrwerke der Bauern. Rechts und links an den Straßenrändern türmten sich die Schneewände und schützten die Schlittenfahrer, die verbotenerweise die abschüssige Straße für ihr winterliches Vergnügen benutzten. Die Schulen hatten geschlossen. „Schneefrei" hieß das. Wir tummelten uns den ganzen Tag draußen, auf den Weihern, den abschüssigen Wiesen, bauten Schneemänner, Sprungschanzen und Iglus. Wir errichteten dicke Schneemauern mit Schießscharten und spielten Krieg – immer noch. Schneebälle flogen hin und her, um die Festung des Feindes zu zerstören.

Nicht jede Familie besaß einen Schlitten. Wir hatten einen, aber sieben Kinder konnte er nicht befördern, also bauten wir Bubis alten Kinderwagen auseinander. Die Seitenwände waren fantastische Rutschen, die sich während der rasanten Abfahrten sogar drehten. Das war noch besser als die Frühjahrs-Kirmes, die wir uns sowieso nicht würden leisten können.

Wir besaßen auch ein Paar Schlittschuhe. Man schnallte sie unter die Schuhe und schraubte sie an Sohle und Absatz fest, was zur Folge hatte, dass die Schuhe ständig zum Schuster mussten, weil sie undicht wurden.

Während meine großen Brüder abwechselnd ihre Kreise auf dem Eis drehten, stand ich am Ufer und wartete. Irgendwann wollte auch ich die Schlittschuhe bekommen. Ich trat von einem Fuß auf den andern, um nicht am Boden festzufrieren, hauchte den warmen Atem in die starren Hände und schlug die Arme vor der Brust zusammen, um irgendwie warm zu bleiben. Kälte und Nässe hatten sich längst gegen mich verbündet, und dann siegten sie: Ich lief nach Hause. Hier gab es an sehr kalten Tagen einen dritten geheizten Raum – das Wollstübchen.

Ich holte mir unser Buch. Wir besaßen damals außer der Bibel nur ein einziges Buch, das hatten wir, sorgsam gehütet, aus Schönebeck mitgenommen. Ich konnte mich nicht sattsehen an den wunderbaren Künstlerfotos aus Barcelona. Maurisch inspirierte Architektur, Mittelmeerflair, Pinienwälder, Palmenhaine, Innenhöfe mit Brunnen und Feigenbäumen, Straßenszenen, tanzende Menschen. „Sie tanzen Sardanas", erklärte mir Mutti. Und wenn sie sich über die Bilder beugte und zu erklären anfing, dann war mir, als würde sie immer jünger und lebendiger. Meine Eltern hatten 1932 geheiratet. Es war die Zeit der großen Arbeitslosigkeit gewesen, aber unser Vater hatte das Glück, eine Stelle als „Auslandskorrespondent" für fremdsprachigen Postverkehr und als Dolmetscher für eine Magdeburger Armaturenfirma in Barcelona zu bekommen. „Hier, im Parc Güell, sind wir sonntags gerne spazieren gegangen. Der ist kunterbunt und voller Überraschungen." Die Erinnerung an die Zeit ihrer jungen Ehe im Sonnenland zauberte ein Lächeln auf ihr Gesicht. „Es war herrlich dort in Spanien", sagte sie, „aber als 1936 der Bürgerkrieg kam, wurde es für uns sehr gefährlich. Wir mussten alles hinter uns lassen und kopfüber fliehen. Ein Segen für uns, dass Vater in Magdeburg eine Stelle in seiner Mutterfirma bekam, denn in Gummersbach gab es damals für ihn keine Arbeit." Ich verstand: Barcelona war eine Zeit des Glücks für meine Eltern gewesen. Ich betrachtete das vergrößerte und eingerahmte Foto meiner Eltern über dem Esstisch. Mutti schlank und rank im weißen langen Kleid, Vater einen Kopf größer als sie, adrett gekleidet – Manno, hatte der lange Beine! – und beide eng aneinandergeschmiegt. Unverkennbar ein Liebespaar. Sie stehen unter mächtigen Palmen und strahlen vor Glück. Mir wurde warm am kalten Wintertag, damals im Wollstübchen.

Onkel Hermann sei Dank, er verschaffte uns einen kleinen Nebenverdienst. Pünktlich mit der Kälte gab es plötzlich die grobe, kratzige Wolle. Die Firma kam kaum nach mit der Produktion, die Leute rissen sich um das heiß begehrte, wärmende Material. In den Häusern klapperten die Stricknadeln. Wer auf den Bus wartete, hatte in der Manteltasche ein Knäuel Wolle und nutzte die Zeit zum Stricken oder Häkeln. Blitzschnell sprach es sich herum, dass man bei uns „Aggertaler Wolle" kaufen konnte. Die Auswahl war klein und bescheiden, aber kaum hatte es eine Lieferung gegeben, da war der Vorrat auch schon wieder verbraucht. Unsere Mutter reiste dann mit einem großen, leeren Koffer nach Derschlag, um Nachschub zu holen. Wenn wir uns morgens früh an den Tisch setzten, um unseren

Haferbrei zu essen, versammelte sich vor der Haustür bereits eine Menschentraube, die darauf wartete, dass die Tür aufging. Manche hatten bereits einen gehörigen Fußmarsch hinter sich. Unsere Mutter wandte eine List an, um nicht überrollt zu werden. „Erst müssen die Kinder in Ruhe aufbrechen", sagte sie, öffnete das niedrige Küchenfenster an der rückwärtigen Hausseite und ließ uns dort hinausklettern. Damit gewann sie Zeit, um sich selbst und den Haushalt zu ordnen, bevor der Pulk vor der Haustür das Wollädchen stürmte.

Dieser kleine Handel hielt uns über Wasser. Denn die zweihundert Reichsmark Witwenrente, die Mutti sich am Monatsende von der Sparkasse abholte, reichten hinten und vorne nicht. Sieben Kinder wollten satt werden und brauchten Kleidung, ganz zu schweigen von den vielen kleinen Bedürfnissen, die Kinder darüber hinaus haben. Wir lernten, mit unerfüllten Wünschen zu leben, aber waren wir deshalb unglücklich?

Der Wollhandel warf auch für uns Kinder etwas ab. Es gab eifrige Weberinnen, die von der Verarbeitung der Wolle lebten und für das Aufwickeln eines Wollstrangs zwanzig Pfennig bezahlten. Wolle aufwickeln konnte ich auch schon mit sieben Jahren. Wer zwanzig Pfennig verdient hatte, konnte sich zwei Dauerlutscher leisten. Drei Wollstränge aufwickeln brachte sechzig Pfennig ein, das würde später im Sommer für den Eintritt ins Schwimmbad und ein zusätzliches Eisbällchen bei Platte reichen. Meistens wanderten die kostbaren Münzen deshalb ins Sparschwein. Wenn ich meine Sparbüchse nahm und die Groschen rappeln ließ, fühlte ich mich reich und stolz.

Dorfleben im Frühling

Mit dem nahenden Frühling ließ die Strickwut unserer Kundinnen nach. Jetzt riefen die Gärten. Die Erde roch schon nach Neubeginn. Hier und da zogen die Männer mit Spaten und Kuhmist zum Kampfeldchen. Dort, auf dem leicht abschüssigen Hügel am Dorfrand, hatten auch wir ein Gartenstück gepachtet. Jetzt wurde gegraben und gedüngt in der Hoffnung auf eine gute Ernte. Später würden die Frauen die Beete ebnen und einteilen, kleine Wege anlegen, die Saat aussäen und Tauschhandel treiben mit selbst gezogenen Gemüsepflanzen. Forsythien und Osterglocken, Schneeglöckchen und Krokusse lockten uns Kinder zum Spielen nach draußen. Wir sehnten uns nach dem Tag, an dem wir Kniestrümpfe tragen durften. Die langen Winterstrümpfe, die mit Gummibändern am Leibchen befestigt wurden, waren so lästig. Unsere Mutter hatte versucht, aus alten Tweedmänteln Kinderhosen zu schneidern, um uns diese Strümpfe zu ersparen. Jetzt sollte die Sonne dafür sorgen, dass beides überflüssig wurde.

Wir ließen unsere Kreisel auf der Straße tanzen, trieben sie mit Peitschenhieben an, spielten Kriegen und Verstecken im ganzen Dorf mit seinen Schuppen, Büschen und Winkeln, die wunderbare Verstecke boten. Mit klopfendem Herzen saß ich hinter dem Holunderstrauch, bis ich entdeckt wurde.

Manchmal brach das Spiel jäh ab, wenn ich nach Hause gerufen wurde.

Dann schickte Mutti mich zum Dorfladen. Hinter den Mauern des kleinen Hauses oberhalb unserer Hütte verbarg sich ein Tante-Emma-Laden. Von außen unscheinbar, von innen überzeugend reich bestückt mit allem, fast allem, was man zum Leben brauchte. Schon der Geruch verriet, was hier alles zu haben war: Bratheringe und Seife, Essig und Apfelmost, Käse und Wurst, Mehl und Zucker, Öl und Bier, Brot und Margarine, die nach Teer schmeckte.

Ein Segen, dass wir unseren alltäglichen Bedarf hier kaufen konnten und nicht bis nach Wiehl zu laufen brauchten!

Man kam aber nicht nur zum Einkaufen hierher. Über dem Eingang prangte ein gelbes Schild mit einem Telefonhörer, denn hier befand sich der öffentliche Fernsprecher – das einzige Telefon des Dorfes. Es wurde nur im Notfall in Anspruch genommen, denn Telefonieren war teuer. Aber wie gut, dass es diese Möglichkeit überhaupt gab!

Ich unterbrach mein Spiel gerne, denn ein Einkauf bei Engelberts war jedes Mal ein Erlebnis, eine wunderbare Abwechslung im täglichen Einerlei. Es begann mit einer Begrüßung, die mir das Gefühl vermittelte, ich sei die wichtigste Person der Welt, etwa die Prinzessin Elisabeth von England. Unser Nachbar klatschte freudig in die Hände, um seiner Freude Ausdruck zu verleihen. Seine kleine, untersetzte Gestalt und sein vergnügtes, zerfurchtes Gesicht ließen mich zuweilen an einen lebendigen Gartenzwerg denken. Seine Bewegungen waren bedächtig und langsam. Andächtig schaute ich zu, wie er im Zeitlupentempo eine spitze Tüte in die Halterung der Lebensmittelwaage steckte und vorsichtig den Zucker hineinrieseln ließ. Mit gekonnten Griffen verschloss er die Tüte. „Und was darf es noch sein?" Auch seine Sprache war bedächtig, so als wolle er jedem einzelnen Wort Ausdruck verleihen.

„Ein Stück Kernseife bitte!"

Die Seife war wie fast alles nicht verpackt. Er umwickelte sie sorgfältig mit Zeitungspapier. Dann schob ich ihm die leere Ölflasche über die Theke und reichte ihm die Lebensmittelkarte. Er studierte die verbliebenen Marken. „Ihr habt noch hundert Milliliter Öl zugut", sagte er und schaute sich nach dem Ölkanister um, holte den Messbecher und ließ die goldene, dicke Flüssigkeit mit ruhiger Hand einlaufen. Sie roch ranzig. „Hundert Milliliter, bitte schön", sagte er, indem er die Flasche sorgfältig verschloss. Jetzt nahm er seine lange, spitze Schere aus der Schublade und trennte mit ein paar gezielten Schnitten die

Marken für Zucker, Kernseife und Öl aus der Karte. Die kleinen Abschnitte wanderten in ein Kästchen.

Nun fehlte nur noch die Quittung. Er nahm einen weißen Zettel und einen Stift. Zunächst machte er Schreibbewegungen in der Luft über dem Zettel. Dann setzte er an und schrieb gestochen scharf auf, was ich gekauft hatte, sauber untereinander. Die Zahlen standen da wie die Paradesoldaten, gut leserlich, und darunter der Vermerk: „Betrag dankend erhalten."

Ich packte die Sachen ein, während er sich an die Tür stellte, um mir zum Abschied die Hand zu reichen. Und nun öffnete sich die Küchentür.

Jetzt kam sie, seine gute bessere Hälfte, um mir etwas zu erzählen oder mich zu befragen. Bei ihr liefen nämlich die Informationsflüsse des Dorfes zusammen. „Habt ihr schon gehört? Dicks Hahn hat schon wieder ein Kind angegriffen. Den Flattermann sollten sie endlich mal in den Topf stecken!"

Ich zog verlegen an meinen Kniestrümpfen. Was sollte ich dazu sagen?

Sie wechselte das Thema: „Wer war denn gestern bei euch zu Besuch? Mit dem Motorrad!"

„Och, das war so ein Bekannter von Martin."

Das stimmte auch zum Teil. Er leitete den Jugendkreis, den Martin besuchte. Aber er kam, um Martins Mutter und Geschwister zu trösten. Er interessierte sich für unser Wohlergehen, hörte sich an, was gerade Not machte. Dass Bubi immer kränklich und oft eigenartig war, dass im Winter die Lebensmittelzuteilung nicht reichte, dass Mutti manchmal nicht wusste, was wir morgen essen würden. Er hatte ein gutes Wort für uns Kinder, seine Besuche waren wie Sonnenstrahlen an dunklen Tagen. Das Beste war jedoch, dass er fast so aussah wie unser Vater auf dem Spanienfoto. „Der soll die Mutti heiraten", sagte ich leise zu Anni. Sie nickte. „Das habe ich auch gedacht, aber der ist doch viel jünger als Mutti! Und wenn eine Frau sieben Kinder hat, dann heiratet sie niemand mehr."

In diesen Tagen geschah etwas Merkwürdiges. Wir bekamen neues Geld. Jeder Deutsche bekam das Gleiche: Vierzig Deutsche Mark. Fortan bezahlten wir nicht mehr mit Reichsmark. Ein Brötchen kostete jetzt nur viereinhalb Pfennig. Unser Nachbar Ewald Engelbert konnte gut mit halben Pfennigen umgehen. Er teilte sie nicht etwa mittendurch, sondern schenkte dem Käufer als Rückgeld ein Bonbon im Wert von einem halben Pfennig. Deshalb war ich immer glücklich, wenn ich eine ungerade Zahl Brötchen holen sollte – aber das war selten.

Familien ohne Väter

Mein ältester Bruder wurde zu diesem Zeitpunkt fünfzehn Jahre alt, der Jüngste vier Jahre jung. Ich war sieben und ging in die zweite Klasse. Dem frostigen Winter folgte ein Glutsommer. Wir waren spärlich bekleidet mit einem Höschen und einer Schürze. Um Schuhwerk zu sparen, gingen wir barfuß zum Unterricht.

Unser Lehrer Korte trug den Krieg in sich und war für sein weiteres Leben gezeichnet, behindert durch eine Beinprothese. Fünfundvierzig Kinder waren ihm anvertraut, und er verstand es, uns so zu führen, dass wir gerne zur Schule gingen.

„Wer von euch", so fragte er eines Tages, „hat denn keinen Vater mehr?" Viele Kinder meldeten sich. Er zählte. Fast die Hälfte der Kinder waren Kriegswaisen. Ich war also nicht allein mit meinem Kummer! Gerhard antwortete: „Mein Vater ist vermisst." Ich dachte: Ist das besser oder schlimmer als tot?

Herr Korte hat wie alle seine Kollegen das Thema nicht vertieft. Über den Krieg wurde in der Schule nicht gesprochen. Das Grauen stand uns allen ins Gesicht geschrieben – wozu schlafende Hunde wecken? Und wie könnte man sich der Scham über das Geschehene stellen, ohne für immer im Erdboden zu versinken? Stattdessen versuchten unsere Lehrer, uns mit erfreulichen Themen abzulenken. Wir feierten Geburtstage, wanderten singend in die Natur, genossen eine Rechenstunde unter einer dicken, uralten Eiche auf der Warth, dem Waldgebiet oberhalb des Dorfes, bekamen kleine Preise für Fleiß und gute Leistung.

Wir genossen es als vaterlose Kinder, zwei Jahre lang einen so gütigen Lehrer zu haben. Nur einmal war meine gute Beziehung zu ihm gestört. Wir hatten im Rahmen der Schulspeisung eine sogenannte Fruchtstange bekommen, eine gehaltvolle Süßigkeit aus gepressten Feigen, Datteln, Pflaumen und Rosinen, gut verpackt in Cellophanpapier. Das Päckchen sollten wir erst zu Hause öffnen, aber ich tat es heimlich unter dem Schreibpult und naschte auch davon. Das merkte Herr Korte und entwendete mir die Kostbarkeit. Er gab sie Anni, meiner liebsten Schwester, und trug ihr auf, sie meiner Mutter zu geben. Peinlich! Ich war so gerne brav! Ich wollte ihr doch das Leben nicht schwerer machen, als es ohnehin war. Wie musste sie sich tagaus, tagein abrackern mit den Aufgaben eines großen Haushalts und darüber hinaus mit Widerwärtigkeiten, die unser Vater ihr liebend gerne abgenommen hätte: mit verstopften Ofenrohren, regenarmen Sommern, Unkraut und harter Erdkruste im Garten, aufdringlichen Hausierern, stumpfen Scheren, kranken Hühnern, Mäusenestern, einer defekten Nähmaschine und Wasserrohrbrüchen im kalten Winter.

„Du bist mein Sonnenschein"

Einmal hatte sie mich auf ihren Schoß genommen, obwohl meine Beine schon lang waren, und mich fest an sich gedrückt. Ich weiß nicht mehr, warum sie weinte, irgendetwas zwischen ihr und den „Großen" hatte ihr den Rest gegeben. „Aber du bist mein Sonnenschein", hatte sie gesagt, „was sollte ich bloß ohne dich machen?" Ich war ganz irritiert gewesen. War ich so wichtig für unsere Mutter? Bisher hatte ich immer gedacht, dass ich als sechstes Kind eine unwichtige Rolle in der Familie spielte. „Hört euch das Küken an!", sagten die großen Geschwister oft, wenn ich mich bei den Tischgesprächen einmischte. Auch sonst musste ich diplomatisch vorgehen, wenn ich mich durchsetzen wollte, weil in den „oberen Rängen" über Wohl und Wehe entschieden wurde. Und dass Mutti Zeit für mich alleine gehabt hätte, daran konnte ich mich nicht erinnern. Ich machte Freud und Leid mit mir selber aus. Und doch wusste ich mich zutiefst geliebt.

Jetzt bekam ich überraschend eine starke Rolle zugewiesen. Mutters Sonnenschein? Mutters Trösterin? Ich war also doch kein Mauerblümchen? Sonnenschein musst du sein, hatte ich begriffen, dann wirst du wahrgenommen und wertgeschätzt – und ich fing an zu „scheinen".

Einmal hielt ich den Linienbus für unsere Mutter auf. Wir waren auf dem Weg zur Haltestelle, als er überpünktlich an uns vorbeibrauste. „O nein!", rief Mutti entsetzt.

Ich rannte los, so schnell die Beine konnten. Japsend erreichte ich den Bus gerade in dem Moment, als er wieder anfahren wollte. „Halt!", rief ich, „bitte warten Sie einen Moment, da kommt noch eine alte Frau, die will unbedingt mit!", und stellte mich in die Tür.

Der Busfahrer war unwirsch, brummte sich etwas Unverständliches in den Bart und trommelte mit der Hand ungeduldig aufs Lenkrad. Der Bus war voll besetzt. Unzählige Augenpaare waren auf mich gerichtet, als wollten sie mich durchbohren. „Mach schneller, Mutti", flehte ich tonlos.

Da, endlich kam die „alte Frau" keuchend an. Als wir saßen, sagte sie noch ganz außer Atem: „Du bist ein Schatz, Gitti." Oder hatte sie gesagt: „mein Schatz"? Ich wollte es so verstehen, weil ich mir so sehr wünschte, einen Extraplatz in ihrem Herzen zu bekommen. Dieser aber war doch besetzt, von meinem kleinen Bruder. Er war nun das Nesthäkchen, nicht ich. Also brauchte ich eine neue Rolle.

Sonnenschein sein war allerdings viel anstrengender als Nesthäkchen sein, aber ein Lob für eine kleine Heldentat wog jede Anstrengung auf. Immer wieder gab es einen Anlass, die Sonne aufgehen zu lassen, wenn Gewitterwolken aufzogen. Das tat ich vermutlich, um ganz sicherzugehen, dass ich nicht in der Bedeutungslosigkeit landete. Vergessen zu werden – so wie damals während des Luftangriffs, als ich Mumps gehabt hatte – war für mich die schlimmste Vorstellung überhaupt, sie war mit Todesangst verbunden.

Liebeserklärungen

In dieser Zeit verliebten sich zwei junge Männer in mich, der eine – Klaus – war blond, der andere – sein Stiefbruder Rolf – schwarzhaarig. Sie gingen in meine Klasse und buhlten um meine Gunst. Ich mochte beide gern, wobei Rolf bei mir einen Stein im Brett hatte wegen seiner schwarzen Haare – wie mein Vater. Eines Tages im Mai standen beide vor der Tür und hatten Geschenke in den Händen, Pappschachteln mit Löchern. „Wir haben was für dich, Gitti", verkündeten sie wie aus einem Mund. Ich war sehr neugierig, nahm die erste Schachtel und spürte sofort, wie sich ein Kribbeln auf meine Hände übertrug. Erschreckt ließ ich das Kästchen fallen. Da quollen sie heraus, die Maikäfer, pumpten und flogen ab in die Freiheit.

Klaus strengte sich weiter an. Er schenkte mir ein kleines Notizbuch, an dem in einer Schlaufe ein dünner Bleistift steckte. Ich war berührt: so etwas Schönes! Ich drehte und wendete das

Geschenk, dann meinte ich: „Es ist so schön, man könnte es sogar als Poesie-Album verwenden."

Klaus nickte: „Ja, das ist eine gute Idee. Soll ich dir was reinschreiben?"

„Au, ja!"

„Aber was?"

Ich überlegte einen Moment, dann sagte ich: „Ich habe eine Idee!", lief ins Haus und kehrte mit einer Bibel zurück. „Hier", sagte ich, „nimm sie mit und such dir was aus!" Klaus nahm das Buch und das Notizbuch und lief nach Hause. Am nächsten Tag überreichte er mir seine Widmung. Ich las: „Abraham aber zeugte Isaak, Isaak aber zeugte Jakob …' in Liebe, Dein Klaus". Auf die zweite Seite hatte er einen wunderschönen Apfelbaum gemalt. Ich war begeistert, aber … was bedeutete „zeugte"? Sollte ich Klaus fragen? Lieber nicht, ich könnte mich vielleicht blamieren!

„Mutti, was bedeutet das, ‚zeugte'?"

„Ach Kind, das verstehst du noch nicht. Wenn du größer wirst, erkläre ich dir das."

Ich nahm mir vor, schnell zu wachsen und klug zu werden.

Spiel und Ernst

Der frühe Sommer hatte alle Wülfringhauser Kinder munter gemacht. „Kommst du raus, klickern?" Karl-Otto stand mit seinem Murmelsäckchen vor der Tür. Normalerweise spielte er mit Manfred, der am oberen Ende des Dorfes wohnte, Fußball. Jeder im Dorf konnte mithören, wenn die beiden sich lauthals von Haus zu Haus verabredeten. „Manni, choon mer bolzen!?"(Gehn wir Fußball spielen?) Heute war also nichts los, Manni konnte nicht.

Wir fegten uns ein Plätzchen auf der Straße frei und gruben eine kleine Mulde. „Wie viel?", fragte ich. „Zehn", bestimmte er. Hoch konzentriert manövrierten wir abwechselnd die kleinen Kugeln ins Loch. Wer die letzte Murmel sicher ans Ziel gebracht hatte, bekam den Zuschlag. „Gewonnen!", triumphierte ich und steckte meinen Gewinn ein. Karl-Otto knurrte vor sich hin, dann forderte er mich auf, mehr einzusetzen. Doppelter Einsatz! Wieder hatte ich am Ende eine fette Beute. Die Spannung stieg. „Dreißig!", befahl Karl-Otto. Wir zählten unsere Murmeln sorgfältig ab, warfen sie auf die Bahn und machten uns an die Arbeit. Diesmal hatte ich Pech, denn als ich die letzte Kugel triumphierend eingebracht hatte, fand Karl-Otto einen Irrläufer unter der Hecke. „Hier ist noch eine!", rief er und lachte hämisch. So ein Pech! Diesmal hatte ich das Nachsehen.

Komisch, von nun an ging es bergab mit meinem Glück. Sosehr ich aufpasste, jedes Mal fand Karl-Otto doch irgendwo eine Murmel, die sich versteckt hatte. Irgendwann war mein Säckchen leer und seins prall gefüllt. Das Spiel war aus. „Hä, hä", lachte er, „du bist ja dumm, du hast nicht gemerkt, dass ich die Kugeln zuletzt ausgelegt habe!"

Mir blieb der Mund offen stehen. Er hatte es gewagt zu mogeln? Zorn stieg in mir hoch. „Du bist gemein!", rief ich. Er lachte immer hämischer. Da lernte ich, dass ehrlich sein dumm sein bedeutet, aber ich hielt mich fest an dem, was unsere Eltern uns eingebläut hatten: „Ehrlich währt am längsten." Und Lehrer Korte hatte es uns auch gelehrt: „Lügen haben kurze Beine!" Das musste doch stimmen, oder?

Jedenfalls würde ich Karl-Otto den Beweis liefern, dass ich nicht dumm war, nächste Woche beim Diktatschreiben. Dann würde sein Heft wieder von roter Tinte strotzen! Ich rettete mich aus meinem Zwiespalt, indem ich mich über ihn erhob. Lieber hätte ich mich körperlich mit ihm auseinandergesetzt und mir meine Murmeln zurückerobert, aber er war mir zu stark, und das hätte eine zweite Niederlage bedeutet. Andere Kinder schalteten in solchen Situationen ihre Eltern ein. Aber nein, unsere Mutter hatte genug Probleme, und ich war doch schließlich ihr Sonnenschein! Lieber Unrecht erleiden als Stress machen. Besser, ich hielt mich an Klaus und Rolf, die waren fair. Sollte Karl-Otto lieber bolzen gehen!

Flim-Flam und Pannenbrei

Am späten Nachmittag war die Straße immer voller Kinder. Nun hatten auch der Langsamste und der Fleißigste die Schulaufgaben gemacht. Was sollten wir spielen? Irgendjemand besaß einen Ball, aus Achtecken zusammengenäht und mit Stoff ausgestopft. Also konnten wir Völkerball spielen. Wenn es keinen Ball gab, dann spielten wir „Flim-Flam", ein selbst erdachtes Geländespiel, für das wir alle Wälder und Berghöhen rings um unser Dorf unsicher machten. Wir rannten kilometerweit durch Wälder, über Felder, überwanden Stacheldrahtzäune, um uns gut verstecken zu können, damit wir „dem Feind" nicht in die Hände fielen. Würde er uns nämlich finden, wäre unser „Geld" weg, das wir gut versteckt am Körper trugen. Es war wie auf der Flucht. Irgendwann mussten wir es aushalten, ausgeraubt zu werden, und dann war das Spiel aus. Die Abendbrotzeit kam, und unsere Mutter versuchte, ihre Bande wieder einzufangen. Dazu nahm sie den großen hölzernen Kochlöffel und schlug damit auf die gusseiserne Pfanne. Wenn es aber nach Kochtopf klang, dann wussten wir, dass die Bratpfanne besetzt war, und wir waren gespannt, ob es wohl Bratkartoffeln oder Pannenbrei gab. Beides ließ uns das Wasser im Mund zusammenlaufen und uns stehenden Fußes heimkehren. Schon an der Haustür löste sich das Rätsel und wir stürmten mordshungrig den Tisch, auf dem die große Pfanne vor sich hin brutzelte – Pannenbrei!

Dafür verquirlt man Eier mit Milch und Mehl und etwas Salz. In der Pfanne wurde zuvor Speck ausgelassen. Dann kommt das Gemisch hinein und es wird langsam und lange gerührt, bis es ein fester Brei geworden ist. Besonders stritten wir uns um das Angebrannte. Zum frischen Graubrot ist der Pannenbrei eine oberbergische Delikatesse. Wir Kinder gediehen prächtig, sodass eine Nachbarin zitierte: „Emilie, ding Kenger (deine Kinder) sehn us wie de Wolken!" Das sollte wohl ein Kompliment sein! Was aber hätten wir in jener kargen Zeit ohne Speck, Eier und die gute Kartoffel gemacht!?

Kartoffelernte

Wir hatten ein eigenes Kartoffelfeld, das uns jedoch nur für ein paar Monate satt machte. Dann mussten wir nachkaufen, beim Bauer Bergerhoff am Ortseingang, dort, wo wir abends die Milch frisch von der Kuh holten. Bei der Kartoffelernte auf dem Kampfeldchen durften wir mithelfen. Zwei starke Pferde zogen den Kartoffelroder, der mit seinen langen Eisenfingern den schweren Boden aufwirbelte und die Knollen „mit Schmackes" ans Licht beförderte. Emsig sammelten wir die „Erpeln" (Erdäpfel) in die Drahtkörbe und kippten die Ernte auf den Wagen. Nach zwei Stunden spürten wir den Rücken, reckten und streckten uns und spähten verstohlen in die Richtung, aus der wir etwas Gutes erwarteten. Und dann sahen wir sie, Elisabeth, wie sie ein Riesenblech mit Kuchen auf der Hüfte transportierte und in der freien Hand eine große Milchkanne trug, aus der es dampfte. „Kaffeezeit", rief sie, indem sie ihre Kostbarkeiten absetzte. Der Streuselkuchen war noch warm und kitzelte unsere Geruchsnerven. Wir setzten uns in die Furchen und ließen uns verwöhnen, schlürften den „Muckefuck" aus Blechtassen und hielten das Kuchenstück wie einen Schatz in unseren erdigen Händen. Mit neuer Kraft ging es in die zweite Halbzeit, und am Abend war das Feld abgeerntet. Die Sonne schickte sich an unterzugehen.

Nun kam das Beste: ein Kartoffelfeuer, um das trockene Kraut zu verbrennen und gleichzeitig den Geschmack der neuen Ernte zu testen. Hatten Kartoffeln jemals besser geschmeckt als auf Bergerhoffs Feld?

„Was ihr jetzt noch findet, dürft ihr behalten", sagte Günther, der Jungbauer. Dann rief er: „Hü!" Die Pferde zogen mit dem Wagen heimwärts, wo die alte Ahne bereits auf die diesjährige Ernte gespannt war. Günther suchte die dickste Kartoffel aus und brachte sie der Greisin im Lehnstuhl mit den Worten: „Guck mal, Ahne, das ist die Kleinste, was sollen wir bloß machen, wenn wir Pellkartoffeln essen wollen?"

Wir aber schleppten uns nach Hause, alle Knochen taten uns weh, und in unseren Schürzen trugen wir stolz die Nachlese heim – und den Lohn: fünfzig Pfennig für jede Stunde.

Große Wäsche

Nichts machte uns zufriedener, als wenn wir etwas zum Familienwohl beisteuern konnten. Martin lernte beim Schuster Gotthard, wie man Schuhe flickt. Er durfte dort die Werkzeuge benutzen, um unser Schuhwerk in Ordnung zu halten. Marlene sorgte dafür, dass Vitamine aus dem Wald auf den Tisch kamen. Alles Essbare wurde gesammelt. Sie rüstete uns, die beiden „Kleinen", mit Kannen und Bechern aus und zog mit uns in die „Alte Bremig" in den Waldbeerbusch. Später kamen Himbeeren und Brombeeren an die Reihe, und im Herbst fanden wir am Wegrand Hagebutten für den guten Tee und im „Enselskamp", dem alten Buchenwald, Steinpilze zum Trocknen und Bucheckern, aus denen wir Öl pressen ließen. Wir kehrten erst nach Hause zurück, wenn „das Säckel voll" war.

Lothar machte sich im Schuppen am Holzberg zu schaffen. Im Winter mussten drei Öfen täglich versorgt werden. Lieber raste er mit seinem selbst zusammengebauten Fahrrad durch die Gegend. Aber auch mit Fahrradfahren kann man sich nützlich machen. Tante Hilde hatte in Marienheide Zwillinge entbunden. Als sie entlassen wurde, musste die kleine untergewichtige Heide dortbleiben. Täglich brachte Lothar ihr die Muttermilch per Zug und Fahrrad in den 25 Kilometer entfernten Ort.

Doritha half wie Marlene viel im Haushalt mit. Wenn die Schulaufgaben gemacht waren, gab es immer irgendetwas zu tun, im Garten, in der Waschküche, am Bügeltisch, in der Küche, bei den Kaninchen und Hühnern. Anni und ich mussten den großen Schwestern gehorchen, wenn sie Aufgaben an uns weiterreichten.

Karl-Gustav war der Jüngste. Er genoss seine Freiheit, saß im Nussbaum und sang immer wieder seine Lieder. Einmal kam er völlig verdreckt nach Hause. Unsere Mutter schlug die Hände überm Kopf zusammen und stellte ihn zur Rede. Da sagte er: „Lauf du mal über die dreckige Wiese!" Nun, das könnte man an regnerischen Tagen auch vermeiden, dachte ich.

Kinder wussten damals, wie mühsam es war, die Kleidung zu säubern und zu pflegen. Die Hausfrauen brauchten ein paar Tage, bis die Wäsche wieder sauber und glatt im Schrank lag. Am Samstagabend wurde bei uns die Kochwäsche gesammelt und in die Waschküche im Keller gebracht. Dort stand ein Riesenwaschkessel, den man mit Holz heizen konnte. Zunächst aber ließen wir Wasser ein und lösten das Waschpulver gut darin auf. Jetzt legten wir die Wäschestücke ins Seifenwasser. Dort hatten sie Zeit bis zum Montagmorgen, der Schmutz konnte sich lösen. Montags früh um sechs fachte Mutti das Feuer an, und dann hatte sie genug Zeit, um die anderen Öfen im Erdgeschoss zu heizen und das Frühstück vorzubereiten, uns Kinder zur Schule fertig zu machen und zu verabschieden.

Währenddessen stieg die Hitze im Waschkessel, und wenn die Lauge um neun Uhr kochte, begann das große Waschritual. Mit einem dicken Holzstock rührte sie in der Waschlauge, dann fischte sie ein paar Wäschestücke heraus und beförderte sie in die Waschmaschine. Das war ein wesentlich kleinerer Behälter mit einer Schwenkvorrichtung. Die Wäsche wurde hin und her gezerrt, bis man den Eindruck hatte, dass sie sauber war. Stark verschmutzte Teile bekamen eine Sonderbehandlung, und dafür gab es das Waschbrett und die gute Kernseife. Mutti bearbeitete Hemdenkragen und Manschetten und alles Fleckige auf dem Waschbrett, bis die Schmutzspuren nicht mehr sichtbar waren. An sonnigen Tagen schleppte sie körbeweise die Weißwäsche nach draußen auf die Bleiche. Die Bettwäsche und die Hemden und Blusen sollten wieder schneeweiß werden. Hausfrauenehrgeiz trieb die Wäscherinnen an, man konkurrierte gegeneinander um das strahlendste Weiß. Und weil es nur eine Sorte Waschmittel gab, nämlich Persil, musste eben die Sonne ihr Bestes tun, um ein gutes Ergebnis zu garantieren.

Nun lag die Wäsche ausgebreitet auf der Wiese und ließ sich von der Sonne bescheinen. Aber da waren auch Nachbars Gänse, die den Rasen bevölkerten und neugierig die weißen Flächen in Augenschein nahmen. „Passt mir ja auf die Gänse auf!", rief Mutti uns aus dem Keller zu, wenn wir vor dem Kellerfenster hockten und vor lauter Dunst nichts sehen konnten. „Und begießt die Wäsche tüchtig, die Gießkanne steht bereit!" Wir taten unser Bestes.

An solchen Bleichtagen kam die Wäsche abends ein zweites Mal in den Kessel. Dann ging es erst am Dienstag weiter: Aus dem Waschkessel in die Waschmaschine, aus der Maschine in die Mangel, die zwischen zwei Walzen das Seifenwasser herauspresste, von der Walze ins Bassin, wo frisches Wasser eingelassen war. Dreimal schwamm die frisch gewaschene Wäsche im kalten

Spülwasser, dann musste sie die Mangel ein zweites Mal hinter sich bringen, bevor sie in den Wäschekorb kam. In der Waschküche hatte sich der Dunst inzwischen verzogen, wir konnten unsere Mutter wieder erkennen. Dann wussten wir, dass sie bald nach oben in die Wohnung gehen würde. Wir hatten die Wäscheleinen im Garten bereits abgewischt. An sonnigen Tagen war damit zu rechnen, dass die Wäsche bis zum Abend trocknen würde. Wenn es jedoch regnete, mussten wir die Körbe auf den Speicher befördern, über eine halsbrecherische Stiege. An kalten Wintertagen holten wir abends steif gefrorene Wäschebretter von der Leine, die erst in der Wärme weich wurden.

Am nächsten Tag wurde das Bügeleisen nicht kalt. Noch am Vorabend hatten wir die Wäsche eingesprengt und eingerollt, nun sollte sie tadellos glatt werden. Die großen Betttücher und die Damasttischtücher reckten und falteten wir zu zweit. Sie kamen in einen Korb für die Heißmangel. Abends saßen wir zusammen, um uns der Flickwäsche zu widmen. Das war die Gelegenheit zum Erzählen und Austauschen. Später, als die Persilreklame sich selbst untreu wurde – es hieß nicht mehr: „Persil bleibt Persil", sondern: „Persil besser denn je", da konnten wir uns das Bleichen sparen und damit einen ganzen Waschtag streichen – immerhin!

Von unserer Mutter getrennt

Unser Familienmobile hatte zu jener Zeit eine gewisse Balance erreicht, aber um welch hohen Preis! Jemand sagte zu unserer Mutter: „Ojor (Ach), Emilie, eine Witwe ist doch wie ein Garten ohne Zaun!" Sie antwortete prompt: „Meine Kinder sind mein Zaun." Wir spürten, der Zaun sollte immer dicht bleiben, unsere Mutter brauchte Schutz und Unterstützung, denn davon hing auch unser Wohl und Wehe ab. Es entging uns nicht, dass ihre Energie nachgelassen hatte. Wir versuchten, ihre Nerven zu schonen, erzählten ihr nur die positiven Dinge, versuchten sie zu erfreuen, wie auch immer. Dennoch, eines Tages brach sie zusammen. Die Nerven versagten ihren Dienst. Zunächst versuchte sie es mit einem Urlaub, aber dann brauchte sie doch ärztliche Versorgung.

Drei Monate sind eine eher kurze Zeit, wenn die Psyche stabilisiert werden muss. Für mich war es jedoch eine Ewigkeit. Verwandte und Freunde waren zur Stelle, um uns Kinder bei sich aufzunehmen – unser „Familientheater" löste sich vorübergehend auf. Trennungsschmerz und Heimweh waren meine täglichen Begleiter, und die Angst um das Leben meiner Mutter bohrte sich tief in mein Herz. Aber Anni und ich waren nicht getrennt worden, das war ein großes Glück.

In diese Zeit fiel die erste Bekanntschaft mit einer Orange, die Onkel Fredi unter unseren beiden Cousinen, Anni und mir aufteilte. Wir durften sogar ein Stück Schale in den Ranzen einpacken, um in der Schule unter dem Pult daran zu riechen. Muttis jüngere Schwester, Tante Hanna, wurde meine Ersatzmutter. Sie übernahm auch Muttis Wollhandel, was sich in Wiehl schnell herumsprach. Nun wurde auch ihr Heim zum Taubenschlag. Die Kundinnen kauften die Wolle, aber sie wollten auch ein bisschen „strunksen" – man hatte ja so viel auf dem Herzen –, und weil Tante Hanna ein fröhliches, einnehmendes Temperament hatte, wurde sie die Leute nicht mehr los. Dann trat Onkel Fredi in Aktion, setzte den Wasserkessel aufs Feuer und ließ ihn mit Volldampf pfeifen. Solch ein Pfeifkessel kann ähnlich penetrant sein wie das Geschrei eines Babys, und Onkel Fredi war prompt erfolgreich.

Anni und ich wohnten nun wieder unter dem Dach der Großfamilie in Wiehl. Mit unseren gleichaltrigen Cousinen Ulla und Marliese gingen wir zur Schule. Im Ranzen klapperten Schiefertafel und Griffelkasten. Das frisch getränkte Tafelschwämmchen und der Lappen zum Trockenwischen baumelten an gehäkelten Kordeln außerhalb des Tornisters herab, und in der Hand trugen wir den Henkelmann aus Blech. In der zweiten Pause würden wir ihn brauchen, wenn wir in der langen Schlange vor den Riesenkochtöpfen auf die Schulspeisung warteten. Wir waren alle hungrig, aber oft nahm uns bereits der seltsame Essensgeruch jegliche Lust, die Suppe zu probieren. Wir ekelten und schüttelten uns, verschlossen den Henkelmann fest mit dem Deckel und nahmen das Essen mit nach Hause. Wenn es aber Griessuppe mit Rosinen gab, dann versuchten wir möglichst ans Ende der Reihe zu kommen – zum Schluss landeten nämlich mehr Rosinen im Essgeschirr. Tante Hanna machte es wie meine Mutti, sie versuchten stets, aus dem unappetitlichen Inhalt noch etwas zu zaubern. „Frisieren“, nannten sie das.

Die Gerüche und Geräusche der Schule haben sich mir fest eingeprägt: die Schulspeisung, der geölte Holzfußboden, die dicke und verbrauchte Luft, das Knarren der Dielen, das Prasseln des Holzfeuers im Ofen, das Quietschen der Griffel auf den Tafeln.

Im zweiten Schuljahr durften wir erste Schreibübungen in die Hefte machen. Anni konnte das längst. Und Doritha schrieb bereits mit Federhalter und Tinte! Sie hatte lange, dicke Zöpfe und war eines Tages mit dunkelblauen Haarspitzen nach Hause gekommen. Ihr „Hintermann“ hatte ihre Zöpfe ins Tintenfass getaucht. Ich warnte meine Cousine Ulla, die üppiges, lockiges Haar ihr Eigen nannte. Ihre Zöpfe hatten bereits eine ansehnliche Länge. „Pass auf, dass sie nicht zu lang werden!“ Aber noch war es nicht so weit. Wir waren noch Spielkinder, und der schulische Ernst in Gestalt von stumpfen Griffeln, Tintenfässern, Federhaltern und Schreibfedern unterschiedlicher Art und Qualität musste uns nicht belasten. Wir freuten uns auf den Nachmittag und das freie Spielen auf dem Rathausplatz nebenan.

Eines Tages leuchtete mir dort etwas Gelbes vom Boden entgegen, es sah aus wie ein Bernsteinanhänger. Als ich mich danach bückte, war es klebrig. „Was ist das denn?"

Marliese wusste es. „Das nennt man Klümpchen, Gitti, das schmeckt gut, das ist bestimmt von den belgischen Soldaten aus der Kaserne, die haben so was!"

Ich staunte. „Komm, wir waschen es ab und teilen es dann!" Am Brunnen nahmen wir eine fragwürdige Reinigung vor, dann zertrennte ich das süße Ding zwischen den Zähnen und teilte es mit meiner Cousine. Es schmeckte herrlich nach Zitrone. Die Welt war voller Überraschungen!

Vater ist nicht tot, bestimmt nicht!

Zum Beispiel begann die Glocke eines Tages plötzlich zu läuten. Mitten in der Woche am Nachmittag? „Das ist sicher eine Beerdigung", wusste Marliese. „Komm, wir warten hier am Rathausplatz, sie müssen hier vorbeikommen."

Es dauerte nicht lange, bis der Trauerzug sichtbar wurde. Er kam aus Richtung Bahnhof. Zwei Pferde, mit schwarzen Überwürfen behängt, zogen den Wagen mit dem Sarg. Er war reichlich mit Kränzen geschmückt. Feierlich sah das aus. Als der Wagen am Rathausplatz angekommen war, blieben die Pferde stehen, um zu verschnaufen. Ich bestaunte ihre Aufmachung. Schwarze Gewänder aus edlem, festem Material, kunstvoll verarbeitet mit Fransen und Troddeln und einem Loch für den Schwanz. Sogar ihre Köpfe waren verhüllt, nur für die Augen gab es Gucklöcher, und das sah irgendwie lustig aus, aber ich bemühte mich, nicht zu lachen. Alle Menschen blieben ehrfürchtig stehen, die Männer nahmen die Hüte vom Kopf und verbeugten sich taktvoll, der Verkehr stand still.

Nun zogen die Pferde wieder an, hinter dem Wagen ging

der Pastor mit einer schwarzen Kopfbedeckung, dann kam die Trauerfamilie, und in einigem Abstand folgten die Gäste. Der Zug bog beim Hotel Platte um die Ecke zum Friedhof. Als er verschwunden war, kehrte das Leben auf die Straße zurück, und bald hörten auch die Glocken auf zu läuten. So also geht das, wenn einer stirbt, dachte ich. Ich hatte zum ersten Mal einen Leichenzug gesehen.

Ich musste an meinen Vater denken. Wir hatten ihn nicht beerdigt. Er ist nicht tot, bestimmt nicht, dachte ich.

Ulla holte mich zurück in die Wirklichkeit. „Kommst du mit, Hickesteinchen suchen?" Unweit des Bahnhofs gab es einen Schuttplatz, wo die Bewohner Wiehls nach den Luftangriffen alles Zerbrochene abgeladen hatten. Dort fanden wir wunderbare Scherben, die wir für das Hickespiel einsetzten: Zwiebelmuster, Rosendekore, Goldränder an elfenbeinfarbenem Porzellan. Wir malten unsere Hicken, besprachen die Regeln, warfen unsere bunten Scherben, hüpften mal links, mal rechts, mal mit beiden Füßen, und das Tag für Tag, von einer Woche zur andern.

Die Glocke von Wiehl

Wenn es Samstagabend wurde, beobachteten wir gespannt die große Uhr am Rathaus. Das Beste stand uns noch bevor: Vor dem großen Kirchenportal saßen bereits die halbwüchsigen Jungen und warteten auf Küster Ranke. Die Spannung stieg, der Kinderpulk vergrößerte sich. Endlich kam der alte Mann mit seinem Gehstock. Der betagte Küster, abgemagert und rheumakrank, schloss mit einem Riesenschlüssel das Portal auf. Die Kinder drängten in die Kirche und stürmten die Treppe zum Glockenturm hinauf. Wenn der Küster schwer atmend und ächzend den Glockenstuhl erreichte, hatten wir Kinder bereits verhandelt. „Ich komm zuerst dran, ich war zuerst oben", tönte Johannes. „Und dann ich", folgerte Inge. „Dritter!", rief Lothar schnell, bevor ein anderer „Vierter" sagte. Ich gehörte in dieser Kindergruppe zum Fußvolk. Anni und ich, wir waren noch zu jung, um hier mitzumachen. Wir mussten uns glücklich schätzen, überhaupt dabei sein zu dürfen, weil unsere Brüder es uns erlaubten. Wir warteten bei der dicken Glocke. „Noch eine Minute", sagte der Küster Ranke.

Wir zählten bis fünfzig und hielten uns die Ohren zu, denn jetzt konnte jederzeit die Turmuhr zu schlagen beginnen. „Achtung!" Ein mechanisches Geräusch kündigte das Schlagen an. Der Turm bebte, ein Käuzchen flog auf, wir drückten unsere Finger tiefer in die Ohren und zogen die Köpfe ein. 1, 2, 3, 4, 5, 6. Herr Ranke nickte Johannes zu, der die Hände bereits um das dicke Glockenseil gelegt hatte. Er zog mit dem ganzen Gewicht seines schmächtigen Körpers, einmal, zweimal, dreimal. Jetzt! Ein erster leiser Ton! Fester, Johannes! Er hatte bereits einen roten Kopf von der Anstrengung.

Lothar ergriff das Seil weiter unten. Jetzt kam die Glocke in Schwung. Es dröhnte. Der Klang waberte durch den Turm und wollte uns erdrücken. Wir stießen Laute aus, die der Glockenklang sofort verschluckte. Johannes aber schwebte am Seil auf und ab, sprang zwei Meter hoch und kam zurück auf die Erde, um sogleich wieder abzuheben. Jetzt machte Lothar ihm das Zeichen, das Seil weiterzugeben, und als sein Freund losließ, ergriff er es und schnellte in die Höhe.

Wir hätten stundenlang läuten können. Zehn Minuten sind schnell abgelaufen, und nur fünf Hilfsküster konnten auf ihre Kosten kommen, der Rest musste sich mit Zuschauen zufriedengeben. Aber war das etwa nichts? Die wackelige Holztreppe, die Fledermauswand, die so modrig roch, die Gucklöcher in der dicken Turmmauer, die uns einen Blick auf Wiehls Hausdächer erlaubte, das mulmige Gefühl im Bauch, wenn der kriegsversehrte Turm schwankte und wenn der Wind in den Nischen heulte. Vorsichtig traten wir den Abstieg an.

„Siehst du das Käuzchen da oben auf dem Balken?" Der Küster kannte seinen Turm. Tatsächlich, da saß es und schien uns anzustarren. „Nein, es hört uns nur, sehen kann es erst, wenn es dunkel geworden ist", erklärte er. Dann quälte er sich mit den steifen Beinen nach unten. „Lange mach ich das nicht mehr", hörten wir ihn seufzen. Schnell liefen wir heim, wo Tante Hanna mit einer „frisierten" Griessuppe auf uns wartete. Sie hatte die Rosinen aus der klumpigen Schulspeisungs-Wassersuppe herausgefischt und mit Milch neu angesetzt. Lecker schmeckte das.

Irgendwie ging es doch

Eines Tages war es so weit: „Mutti kommt wieder!" Wir liefen zur Wiese. Sie stand voller Blumen. Mit einem Riesenstrauß Wiesenschaumkraut, Margeriten und Sumpfdotterblumen pilgerten wir nach Wülfringhausen. Tante Hanna schloss unser Häuschen auf. Wir halfen ihr, dem Dreimonatsstaub zu Leibe zu rücken, wir putzten, bohnerten und polierten die rauen Holzböden blitzeblank, kauften Brot, Margarine und Rübenkraut. Auf dem großen Tisch im Wohnzimmer prangte unser Wiesenblumenstrauß in einer Glasvase.

Wir stellten uns vor, unsere Mutter sei nun wieder fröhlich und stark zum Bäume-Ausreißen, aber wir hatten uns geirrt. Tante Hanna ermahnte uns: „Eure Mutti braucht noch viel Ruhe und keinen Ärger, hört ihr?"

Ging das überhaupt, noch braver? Wir bemühten uns redlich. Irgendwann aber machte sich der seelische Druck in uns Luft und wir gingen aufeinander los, meistens, wenn unsere Mutter oben ruhte. Dann hörten wir plötzlich ein Klopfen an der Zimmerdecke. Augenblicklich waren wir still, aber wir wechselten in die Küche, schlossen die Tür und trugen dort unsere Kämpfe zu Ende aus.

Unsere kranke Mutter hatte in einem schwachen Moment eine Faustregel für unser Zusammenleben aufgestellt, um chaotischen Zuständen vorzubeugen. Sie bestimmte: „Der Kleinere gehorcht dem Größeren." Manchmal sind die ganz einfachen Regeln genial, aber diese war es nicht, fand ich jedenfalls. Als Zweitkleinste in der langen Geschwisterreihe bekam ich nämlich gleich fünf Vorgesetzte. „Gitti, du bist heute mit Abtrocknen dran." – „Gitti, geh du mal zum Laden, ich kann gerade nicht." – „Gitti, tu mal, komm mal, geh mal …!"

In dieser notvollen Lage half mir kein Geringerer als der Nikolaus. Mutti hatte ihn angekündigt. „Er kommt zu dem, dessen Stiefel gut geputzt vor der Tür steht!" Ich beeilte mich, machte mich ans Schuhe putzen. Da kam Lothar und stellte seine schmutzigen Schuhe daneben. „Mach du mal, Gitti." Das sah Doritha und dachte: Die Gelegenheit ist günstig. Und weil ich Mutters Regel ernst nahm, sagte ich keinen Piep. Zum Schluss hatte ich eine lange Reihe Schuhe vor mir, bürstete und wienerte wie ein Weltmeister und stellte dann die glänzende Parade vor der Haustür auf. Am nächsten Morgen gab es für meine Geschwister ein böses Erwachen. Ihre Schuhe waren mit Holzklötzen gefüllt, meine mit Schokolade. So einfach kann auf unserer Welt die Gerechtigkeit wiederhergestellt werden. Später brauchte ich dafür den Nikolaus nicht mehr, da erwachte ein gesunder Trotz in mir, der es meinen Geschwistern zeigte.

Die Moritat vom Frosch

Langsam kam Mutters Kraft wieder zurück. Es gab manche Ermutigung von Freunden und Verwandten, besonders dann, wenn sie praktische Hilfe anboten. Ein Nachbar lud uns zu einer Autofahrt nach Köln ein. Er wollte uns eine Freude machen. Schon die Vorfreude auf das besondere Ereignis ließ uns nachts nicht schlafen. Wer zu jener Zeit ein Auto besaß, konnte sich glücklich schätzen. Im Dorf liefen wir Kinder jedem Auto nach, um es in Augenschein zu nehmen, wenn es angekommen war. Nun sollten wir tatsächlich selbst mitfahren! Ich platzte fast vor Stolz und Begeisterung, in einem fahrenden Auto sitzen zu dürfen und die Landschaft an mir vorbeiziehen zu lassen. Ich bemühte mich, eine würdige Mitfahrerin zu sein, indem ich mich ganz ernst gab. Bisher war mir nämlich aufgefallen, dass alle Autofahrer und Beifahrer so gesammelt und konzentriert wirkten – ja, fast traurig. Nie hatte ich einen dieser glücklichen Menschen lächeln sehen, während er sein Auto steuerte. Das musste doch einen Grund haben!

Unser Chauffeur war jedoch ganz anders – ein fröhlicher Mensch mit witzigen Einfällen. Offensichtlich wollte er uns aus der Reserve locken. Er begann zu singen: eine Moritat von einem Pfarrer, der gerne Frösche aß. Das Lied hatte einen Kehrreim, in dem man die Frösche quaken hörte, und das löste bei uns die heitersten Lachanfälle aus. Wir krümmten uns schon vor Lachen, bevor er zu quaken begann. Dann bettelten wir: „Bitte noch mal, Herr Kranenberg", und er sang geduldig zum x-ten Mal:

Nun ist der Frosch mit seiner Frau gestorben,
die er sich kürzlich hatte erst erworben …

Es war so einfach, uns Kriegskindern eine Freude zu machen. Natürlich blieb uns auch der Besuch des Doms und die Turmbesteigung unvergesslich, aber noch besser war doch die warme Zuwendung dieses Mannes, der in uns Erinnerungen an unseren Vater weckte. Wir haben ihn dafür immer geliebt.

Aber unser Onkel Hermann, Vaters Bruder, war auch ein Wohltäter! Nicht genug, dass er uns zu unserem Häuschen verholfen hatte und uns mit Wolle belieferte. Er kam hin und wieder, um zu schauen, wie es uns ging. Auch er fuhr mit einem Auto vor. Und er hüllte unsere Wohnung mit seiner Zigarre in einen angenehm süßlichen Dunst. „Männergeruch" nannten wir das, nachdem Martin einem Besucher versichert hatte: „Ja, bei uns darf man rauchen, meine Mutter hat gerne Männergeruch!"

Onkel Hermann zog für uns Kinder eine Tafel Schokolade aus der Tasche. Selig versammelten wir uns am Küchentisch, um den Schatz für sieben Schleckermäuler aufzuteilen. Die Zahl Sieben erwies sich in solchen Situationen als unpraktisch, aber irgendwie kamen wir zu einer weisen Lösung. Auch das Silberpapier wurde gerecht aufgeteilt, so konnte jeder seinen Schatz hüten.

Einmal hatte Onkel Hermann ein Netz mit richtigen Gummibällen dabei, für jeden einen eigenen. Wir dachten, der Himmel sei auf die Erde gekommen. Aber ein andermal gab es eine Ernüchterung: Der Onkel hatte, in bester Absicht, für jedes Kind warme Strümpfe für den kalten Winter mitgebracht. Es war der letzte Schrei, gefertigt in seiner Fabrik, lange Strümpfe mit einem kunstvollen Trachtenmuster. Sie waren schön anzusehen, aber niemand mochte sie tragen, weil sie fürchterlich kratzten. Aber da kannte unsere Mutter kein Pardon. Wir mussten, ob wir wollten, oder nicht – und der Winter wurde wieder einmal kalt und lang.

Das Wunder von Weihnachten

Weihnachten stand vor der Tür. Es war die Zeit der vielen Geheimnisse und Tuscheleien. Unsere Handarbeiten fertigten wir abends im Bett: den Waschlappen, die Topflappen, den Nierenwärmer. Mutti wähnte uns tief und fest schlafend. Wir konnten sie leicht täuschen, weil die dritte Treppenstufe laut unter ihren Füßen knarrte, wenn sie nach oben kam. Spätestens dann war es Zeit, das Licht auszumachen. Leise ging die Tür auf. „Schlaft ihr schon?", hörten wir. Natürlich schliefen wir! Sie zog leise wieder ab, nach unten, um ihre Weihnachtsgeschenke ungestört fertigzustellen, und oben bei den Weihnachtsmäusen wurde es richtig lebendig – im Flüsterton!

Wie unsere Mutter es bewerkstelligt hat, uns ein unvergessliches Weihnachtsfest zu bescheren, wissen wir bis heute nicht. Hatte sie getauscht? Zigaretten von der Lebensmittelkarte gegen Spielsachen? War sie beim Hausieren mit Wolle auf irgendwelche seltenen Schätze gestoßen? Nun, Weihnachten war immer schon ein Wunder.

Zwei Tage vor Heiligabend blieb das Wohnzimmer fest verschlossen. Drinnen knisterte und raschelte es. Wir hielten uns im Wollstübchen auf, wenn wir uns aufwärmen wollten. In der Küche duftete es nach frisch gebackenen Plätzchen. Im Keller lagerte der Stollen mit guten Zutaten aus dem Care-Paket im Fliegenschrank, unerreichbar für die Mäuse. Die Spannung wuchs. Wir drängelten uns vor der Wohnzimmertür, die uns durch einen Spalt einen kleinen Blick auf das „Wunder" gewährte. Aber wie wir es auch anstellten, unser Auge konnte nur einen winzig kleinen Ausschnitt des Gabentisches erwischen: das Profil einer Schildkröt-Puppe und einen Tannenzweig. Wir zogen uns zu ernsthaften Beratungen ins „Stübchen" zurück. Für wen mochte sie sein? Eine große und schwierige Frage! Es gab drei Möglichkeiten. Die dreizehnjährige Marlene kam nicht mehr infrage. Sie trug in der Familie bereits eine Menge Verantwortung. Gerade sorgte sie dafür, dass das Spritzgebäck heil aus dem Ofen kam. Doritha – eigentlich hieß sie Dorothea – war schon zehn. Hatte sie vielleicht noch eine Chance? Manchmal zählte sie sich zu den Großen, ein andermal zu den Kleinen, je nachdem, welche Fraktion gerade Vorteile hatte. Heute war sie auffallend still. Ich glaube, sie wünschte sich insgeheim, zu den Kleinen zu gehören. Anni und ich führten das Wort. „Ich habe sie mir gewünscht", sagte Anni, und ich setzte dem entgegen: „Ich aber auch!" Ich sollte vielleicht beten, dass ich sie bekam, dachte ich, aber was, wenn Anni auch betete?

Und dann geschah das Wunder: Die Tür zur Weihnachtsstube öffnete sich endlich … endlich! Wir absolvierten das „O du fröhliche", ließen dabei unsere Blicke verstohlen über den langen Gabentisch schweifen und wussten sekundenschnell: Der Neid würde keine Chance bekommen. Unsere Puppe hatte eine Schwester, sie standen sich gegenüber und schienen sich zu mögen. Anni und ich, wir beiden „Kleinen", waren über Nacht Mütter geworden. Aber Doritha musste schlucken, denn der Weihnachtsmann hatte sie heute den „Großen" zugeordnet. Die bekamen ein Roulettespiel und durften immerhin bis in die tiefe Nacht spielen. Durch die Zimmerdecke hörten wir „Kleinen" zu später Stunde die Triumphschreie und das Knallen der Roulettekugeln. Unsere Puppenkinder durften bei uns schlafen. Wir drückten die harten, kalten Celluloidkörper fest an unser Herz – Anni ihre Bärbel und ich meine Inge.

Am nächsten Tag standen unsere Spielkameraden vor der Tür. Das war die Weihnachtsinspektion des Dorfes. Jeder wollte wissen, was jeder bekommen hatte, und die Delegation zog von Haus zu Haus und wurde immer größer. Schließlich fingen wir an, unsere unterschiedlichen Weihnachtsfreuden miteinander zu teilen, spielten hier mit Puppen, brachten dort eine Dampfmaschine zum Laufen, bauten woanders einen Hebekran mit dem Stabilbaukasten. Es war das Fest der offenen Türen.

66

„Wer Sorgen hat, hat auch Likör"

Unsere Mutter hatte schon im Herbst ein ganz besonderes Getränk bereitet. Jetzt, zur Zeit der großen Feste, stand der dunkle Tropfen bereit, um unerwartete Gäste willkommen zu heißen: Johannisbeerlikör! Der wärmte die Beschenkten durch und durch und löste die Zungen. Unsere Mutter erklärte dann gerne, wie man ihn herstellte. Man brauchte hochprozentigen Korn, Johannisbeeren und Kandiszucker, und alles zusammen ruhte sechs Wochen in Flaschen an einem Westfenster. Dann siebte man den Sud durch – der Likör wurde probiert und für gut befunden.

Wohin aber mit den Johannisbeeren? Man wirft nichts Essbares weg! Und dann bekannte Mutti ihren Fehler. Sie hatte die Beeren gedankenlos zu den Essensresten in den Hühnertopf gegeben. Der Gast, der gerade die belebende Wirkung des Tropfens in sich spürte, ahnte schon, was jetzt kam … Ein Hühnerpirk voll verrückter Flattermänner war die Folge gewesen. Die armen Vögel hatten gegackert und geflirtet, waren getorkelt und durcheinandergepurzelt, hatten sich auf dem Boden gewälzt und die Beine in die Höhe gestreckt. Mutter hatte verzweifelt am Gatter gestanden und gerufen: „Nee, die armen Viecher! Hilfe, was soll ich machen?"

Das geliebte Federvieh überstand den Rausch. Am nächsten Tag ging alles wieder seinen normalen Gang? „Tuck, tuck, tuck", rief Mutti – die Hühner rannten der edlen Spenderin begehrlich entgegen, um dann enttäuscht festzustellen, dass diesmal keine einzige blaue Beere im Topf war. Arrogant knurrend wandten sie sich ab. Es ist eben nicht jeder Tag ein Festtag … nicht für Menschen und erst recht nicht für Hühner.

Bestimmt ist dieser peinliche Vorfall in der Hexenküche durchgehechelt worden. Dort wohnten drei alte – uralte – hagere Frauen. Sie hatten eine gemeinsame Küche. Dort kochten sie abwechselnd, hatten sonst nicht viel zu tun und deshalb genug Zeit, über ihre Nachbarn nachzudenken. Es gab immer einmal spannende Themen. Eine junge Frau hatte ihren Herrenbesuch übernachten lassen. Im Hause XY wurde ein uneheliches Kind erwartet – von wem bloß? „Dat werden wir noch gewahr!" Fietzens Köter hatte den Thielen Karl in die Wade gebissen. Und der Flüchtling aus Köln, der im Dachgeschoss oben bei Webers Lina wohnte, entleerte morgens sein Nachtgeschirr durch die Fensterluke in die Dachrinne!

Eine dieser drei Frauen wurde im Dorf die „Schreuelslina" genannt, weil sie eine „schreuelige" Stimme hatte. Wie eine Krähe! Manchmal bekam sie Besuch von ihren Verwandten. Als ihre frisch verheiratete Enkelin sie besuchte, eröffnete sie der Oma ein süßes Geheimnis. „Oma, bald wirst du Uroma!" Da antwortete die Alte: „Ojor Kengd, bis dat ich Uroma sing, cheet dir der Mund noch up bis hinger de Ohren!" (Ach Kind, bis ich Uroma bin, geht dir der Mund noch auf bis hinter die Ohren!)

Mein liebstes Möbelstück

Langsam kamen wir in unserer neuen Heimat zur Ruhe. Im Gleichmaß des Alltags überwanden wir die Anspannung der chaotischen Jahre. Schule, Schulspeisung, Mittagessen zu Hause, Geschirr abtrocknen, Hausaufgaben, Inge-Puppe, Geschwisterstreit, die Spielkameraden, Einkaufen im Ewaldsladen, die Bratkartoffelpfanne am Abend, der Ziegelstein fürs Bett, das Einschlafen zusammen mit Anni – das Leben war übersichtlich.

Aber etwas Neues bahnte sich an. Ich hatte das Harmonium entdeckt. Opa hatte uns sein Instrument zum Einzug geschenkt. Es war zwar zusammen mit uns ins Häuschen eingezogen, aber erst jetzt begann es, die Neugierde in mir zu wecken. Unsere

Mutter spielte ihre schönen Choräle immer am Sonntagmorgen, und manchmal sang sie dazu. Sang sie sich selber Trost ins Herz? Ich war gepackt. Vier Tasten griff sie gleichzeitig, während die Füße fleißig wie bei einer Nähmaschine auf und ab traten – eine wirkungsvolle Venengymnastik nebenbei –, und entlockte dem alten Möbelstück wunderbare Harmonien. Ich stand andächtig neben ihr und schaute auf ihre Hände, die nun etwas ganz anderes taten als Kartoffeln schälen, Kleider nähen, Strümpfe stopfen oder Wäsche waschen. Sie konnten Trost zaubern, der Seele für eine Weile die Schwere nehmen, Mut und Zuversicht verbreiten. „Du solltest diese Lieder auch auswendig lernen", sagte sie einmal. „Dann können wir sie gemeinsam singen!"

Ich nahm das große Buch mit und las:

Befiehl du deine Wege und was dein Herze kränkt
der allertreusten Pflege des, der den Himmel lenkt.
Der Wolken, Luft und Winden gibt Wege, Lauf und Bahn,
der wird auch Wege finden, da dein Fuß gehen kann.

Die Worte erreichten mich im Alter von acht Jahren noch nicht, aber ich spürte, dass hier eine Trostquelle sprudelte, und die Aussicht, dass meine Mutter mit mir am nächsten Sonntag das Lied singen wollte, feuerte mich an. Anni wollte auch, umso besser. Wir freuten uns auf die musikalische Privataudienz mit unserer viel beschäftigten Mutter. Dann gab sie uns die zweite Strophe auf. Wir staunten, das Lied hatte zwölf Strophen. „Sollen wir die etwa alle lernen?" – „Ihr müsst nicht, aber es ist gut, wenn man sie kennt. Vater konnte es ganz auswendig", sagte Mutti, während wir uns für den Gottesdienst fertig machten. Sie hatte die weißen Haarschleifen am dicken, heißen Ofenrohr in der Küche geglättet und sie dann in unsere Zöpfe eingeflochten.

Sonntags morgens war unsere Straße nach Wiehl schwarz bevölkert. Es war zu jener Zeit in unserer Gegend ungewöhnlich, nicht in irgendeinen Gottesdienst zu gehen. Unterwegs grüßte man sich freundlich, erzählte einander das Neuste der Woche, teilte Freud und Leid miteinander. Im Tal angekommen, zogen die Männer die Hüte – man schwärmte in unterschiedliche Richtungen auseinander. Das konnte ich nicht begreifen.

„Wir gehen doch alle zum Gottesdienst!"

„Ganz recht!"

„Und warum feiern wir ihn nicht gemeinsam?"

„Ach Kind, das ist eine schwierige Frage. Später wirst du es einmal verstehen."

Ich bohrte weiter, aber ich kam nicht weit, weil wir schon bald unsere kleine Freikirche erreicht hatten. Dort saßen die Leute bereits andächtig in den Bänken. Ich setzte mich, wurde still und dachte nach. Nein, das würde ich nie verstehen. Und wenn das auch im Himmel so war, dann wollte ich da nicht rein.

Ich nahm mir vor, all die anderen Kirchen und Gemeinden kennenzulernen. Nie würde ich diese himmlische Trennungspolitik gutfinden!

Der Gottesdienst hatte mit einem Lied begonnen. Vierstimmig wurde bei uns gesungen, und kräftig. Das faszinierte mich Sonntag für Sonntag neu. Ich behielt das Liederbuch in der Hand und studierte die Noten. Es war ähnlich wie in unserem großen Choralbuch – immer vier Noten untereinander, aber sie sahen unterschiedlich aus. Manche hatte kleine Fähnchen, andere waren durch Balken verbunden, einige waren weiß, andere schwarz. Und dann gab es noch eine Menge komischer Zeichen, die ich nicht verstand. Ich rätselte. Beim zweiten Lied nahm ich mir vor, gut aufzupassen und auf die Melodie und den Rhythmus zu achten. Ich entdeckte, dass da, wo die Noten mit den Fähnchen standen, schneller gesungen wurde. Vielleicht kann Martin mir das erklären, dachte ich. Aber zuerst musste der Gottesdienst zu Ende gehen. Der Minutenzeiger an der großen Uhr bewegte sich viel zu langsam weiter. Ich zählte bis sechzig, da rückte er einen `Strich voran. Ich zählte weiter, meinen Blick hypnotisch auf den Sekundenzeiger gerichtet, als könnte ich ihm Beine machen.

Von nun an hatte ich täglich ein Rendezvous mit unserem Harmonium, manchmal auch mehrere. Martin hatte mir die C-Note erklärt und mir gezeigt, wo ihre Taste lag. Diese Erkenntnis genügte mir, um die anderen Töne abzuleiten. Ich zählte einfach die Notenlinien und die Hohlräume zwischen ihnen ab und die Tasten auch, und plötzlich hatte ich ihn, den Dreiklang. Ein bisschen wehmütig klang er, und wenn ich den Blasebalg vergaß, sogar asthmatisch, aber ich konnte mich nicht satthören. Eine wundervolle Musikwelt tat sich mir auf, und mit jedem Üben erweiterte sich mein Horizont. Ich wurde so fanatisch, dass Mutti mir eines Tages das Tönesuchen verbot – es sei doch nicht auszuhalten.

Jetzt wurde es richtig schwierig. Ich wollte ihre Nerven nicht strapazieren, aber auf mein geliebtes Instrument auch nicht verzichten. Also nutzte ich jede Gelegenheit, wenn sie nicht da war, im Garten arbeitete, einkaufen ging, im Keller Wäsche wusch. Nichts ist attraktiver, als wenn es verboten ist. Und entsprechend gut waren meine heimlichen Fortschritte.

Eines Tages fragte mich Heide, meine Schulkameradin, ob ich Lust hätte, zum Kinderchor zu kommen. Ich war neugierig. Natürlich hatte ich Lust!

„Und wo ist der?"

„Im Büdchen bei Fräulein Klein!"

„Und wo ist das Büdchen?"

„Hinter der Realschule."

„So weit?"

„Wenn du mich abholst, gehen wir zusammen."

Heide wohnte in der Hauptstraße in einem stattlichen bergischen Schieferhaus. Ihr Vater war praktischer Arzt für Wiehl und Umgebung und fuhr einen sandfarbenen VW-Käfer. Ihre Mutter, eine herzliche, hübsche Person, organisierte den Praxisbetrieb. Wenn ich bei Heide schellte, hatte ich bereits einen Kilometer hinter mir, aber noch einen zweiten vor mir, immer samstagnachmittags um zwei. Bei jedem Wind und Wetter

pilgerten wir zum Büdchen, wo Fräulein Klein uns Singen bei-
brachte. Sie war eine sehr fröhliche, aber auch konsequente Lehrerin. Die meisten Chorkinder waren auch ihre Klavierschüler,
wie ich nach und nach herausfand. Dicht gedrängt saßen wir
auf dem Boden des Gartenhäuschens, vier Kinder passten auf
die Couch, je zwei in die Sessel, und trotz der Enge kam ein
passabler Chorklang zustande.

Wenn die anstrengenden Übungen vorbei waren, kam der
Genuss. Fräulein Klein setzte sich ans Klavier, um den Gesang
zu begleiten. Ich vergaß vor Freude und Staunen das Singen.
Ihre Finger huschten über die Tasten und verzauberten meine
Ohren. Die ganze Person war im Einsatz, sogar ihre blonden
Löckchen wippten auf und ab. So etwas Wunderbares hatte
ich nie erlebt. Die Töne tanzten und schwebten, purzelten und
sprangen hin und her. Sie konnten fröhlich und traurig machen,
zornig und liebevoll klingen. Das Klavier war wie lebendig. Bei
aller Liebe, das konnte mein Harmonium nicht!

Auf dem Heimweg fragte ich Heide, ob sie auch schon Klavierunterricht bekomme. Ja, sagte sie, und der sei ziemlich streng.
„Aber ich kann schon den ‚Fröhlichen Landmann‘ spielen.“ Nur
das tägliche Üben sei lästig. „Draußen spielen ist schöner.“

Heide hat reiche Eltern, die können ihr Klavierstunden bezahlen, dachte ich. Wenn unser Vater noch bei uns wäre …
Mutti hatte einmal erzählt, er hätte sich gewünscht, jedes seiner
Kinder würde ein Instrument lernen. Martin spielte Querflöte.
Lothar bekam Geigenunterricht bei Herrn Dellenbusch, aber
sehr gerne ging er nicht hin. Marlene und Doritha hatten den
Harmoniumunterricht eingestellt. Ihre lustlose Lehrerin hatte
ihnen die Freude daran genommen, und der Weg war auch zu
weit. Was würde Mutter sagen, wenn ich um Klavierstunden
bettelte? Ich traute mich nicht, spürte ich doch, dass ich sie fi-
nanziell in Bedrängnis bringen würde. Vier D-Mark pro Stunde
macht sechzehn Mark im Monat, das ist viel Geld, dachte ich.
Aber andererseits, mein Vater würde es gut finden …

Vaters Schwestern

„Dein Vater konnte wunderbar Geige spielen", erzählte Tante Grete, Vaters Schwester, die in Gummersbach wohnte. „Unser Wilhelm war hochmusikalisch. Und er wollte immer, dass seine Kinder einmal mit ihm zusammen musizieren."

Hin und wieder kam die Tante angereist, meistens freitags, weil dies der Tag war, an dem der Haushalt in der Grotenbachstraße 33 auf den Kopf gestellt wurde. Tante Gertrud hatte einen festen Plan für die Haushaltsführung dort. Und weil Tante Grete den Putztag hasste, suchte sie das Weite. Sie war eine elegante Dame, trug wunderbare Hüte mit Schleier, besaß vornehme Handtaschen und im Winter einen Muff mit Wärmflasche, trug ein selbst gestricktes Kleid.

In Gummersbach lebten vier unverheiratete Schwestern meines Vaters unter dem großen Dach des großelterlichen Hauses. Sie fühlten sich mitverantwortlich dafür, dass es den Kindern ihrer gefallenen Brüder gut ging. Tante Gertrud lud immer wieder ein Kind in den Ferien zu sich ein, Tante Hanna nahm meine größeren Geschwister mit an die Ostsee. Tante Luise, die Älteste und asthmakranke Tante, nähte und strickte und stopfte Löcher – und hustete.

Aber nun zurück zu Tante Grete – sie liebte es, wenn wir sie „Tante Margarethe" nannten. Sie ließ es sich bei uns gut gehen. Wenn sie um elf Uhr angekommen war, brauchte sie ein Nickerchen auf dem Sofa. Dazu ließ sie sich ein Kissen frisch beziehen und ruhte, bis wir aus der Schule kamen. Dann trafen wir sie Kaffee trinkend an – aus der feinen blauen Sammeltasse, die nach oben enger wurde und so den Türkentrank länger heiß hielt. Die Hand der Tante zitterte, wenn sie die Tasse an den Mund setzte, und ihr kleiner Finger war gespreizt. Irgendwie sah das vornehm aus.

Sie ließ sich bekochen, prüfte unsere Umgangsformen bei

Tisch und korrigierte unsere Ausdrucksweise. Alle unsere Äußerungen wurden kritisch kommentiert. Sie ließ uns spüren, dass sie sich und ihre gesamte Großfamilie für etwas ganz Besonderes hielt. Sie erzählte, dass sie Ahnenforschung betreibe, um den Beweis zu erbringen, dass alle „Kienbäume" in Deutschland aus einer einzigen Linie stammten. Wenn Tante Grete also durchs Land reiste, suchte sie in den Telefonbüchern fremder Städte den Namen Kienbaum und nahm Verbindung auf. Triumphierend stellte sie die Verwandtschaftsbeziehung fest. So sollte es auch einmal in Berlin geschehen. Sie fand einen Kienbaum im Telefonbuch, bekam aber keine Verbindung. Also musste ein Taxi bestellt werden. Nach langer Odyssee kam sie an. Tatsächlich, der Name Kienbaum stand an der Klingel. Sie läutete – keine Reaktion. Ein zweites Mal – nichts rührte sich. Sie schellte beim Nachbarn.

Er öffnete ein Fenster und rief: „Wat wolln Se denn?"

„Ich möchte zu Herrn Kienbaum!"

„Der sitzt!" Sprach's und schlug das Fenster wieder zu.

Da stand unsere Tante nun, als hätte sie ein Blitz getroffen. Und uns erzählte sie bedauernd: „Das war mein letzter Versuch, Verwandte zu finden." Wir glaubten es ihr sofort.

Ich muss allerdings auch gestehen, dass es ihr bei uns nicht immer gut erging. Einmal passierte ein unverzeihlicher Fauxpas. Anne-Elisabeth, wie sie meine Schwester Anni immer anredete, scharwenzelte um sie herum und stellte fest: „Tante Grete, ich glaube, ich habe deine Beine und deinen Hintern geerbt."

Die Tante rang nach Luft. „Aber Elisabethchen, so etwas sagt man doch nicht!"

Unsere Mutter schaute verstohlen auf die Uhr. Hoffentlich wird es bald fünf, dachte sie. Ihr Bus geht um halb sechs, sechs Stunden reichen mir – und sie seufzte tief.

Wir wurden nicht gefragt, ob wir unsere Schulferien bei den Tanten in Gummersbach verbringen wollten. Wir wurden einfach dorthin geschickt. Einmal Doritha, einmal Anni, einmal ich. Das hing damit zusammen, dass unsere Mutter nie wusste, ob das Essen reichen würde. Ein Esser weniger entspannte die Situation am Tisch. Außerdem lernten wir in Gummersbach eine Menge über den Herrn Knigge, und bei Tante Gertrud in der Küche bekamen wir sogar Kochunterricht. Bei Tante Luise lernten wir, dass man dünne Stellen in den Strümpfen stopft, bevor sie Löcher werden. Was mich in diesem perfekten Haus tröstete, war die Tatsache, dass in dem altehrwürdigen Wohnzimmer ein Klavier stand. Zu ganz bestimmten Zeiten durfte ich meine Dreiklänge hervorzaubern und dabei sogar das Pedal zum Einsatz bringen. Das klang doppelt gut und im Gegensatz zum Harmonium ging dem Klavier nie die Puste aus.

Ich lernte auch ein neues Wort für Toilette. „Ich geh mal eben zum Klo", hatte ich gesagt. Da korrigierte Tante Grete: „Das heißt, ich geh mal geschwind auf die halbe Treppe!" Also stieg ich geschwind eine halbe Treppe hoch, schloss die Tür hinter mir, setzte mich und sagte halblaut vor mich hin: „Etepetete, Tante Grete, etepetete, Tante Grete …", so lange, bis ich fertig war.

Wenn ich nicht erkältet war und mir die Hände gut gewaschen hatte, erlaubte Tante Hanna mir, nach oben zu kommen. Diese Tante Hanna, Vaters jüngste Schwester, nannte ich „Hanna-Tante", weil sie so stets ihre Briefe an mich unterschrieb. Das war eine gute Art, Verwechslungen mit unserer Wiehler Tante Hanna zu vermeiden. Sie war gar nicht „etepetete", lachte gerne und erzählte schöne Geschichten – und sie hatte immer etwas Leckeres zum Essen für mich. Das Beste aber war, dass sie ein kleines Säuglingsheim leitete. Drei Kinderzimmer mit je vier bis sechs Babys waren für mich die große Ferienattraktion. Ich konnte mich nicht sattsehen an den süßen Kindern, und dann sagte Tante Hanna: „Später, wenn du größer bist, darfst du bei uns mithelfen." Ich wollte ganz schnell wachsen. Vorerst musste ich mit dem Spielen im Garten vorliebnehmen. Die Stachelbeeren waren fast reif. Ich durfte dreizehn Stück essen, aber natürlich verzählte ich mich zu meinen Gunsten.

Die Kreisstadt Gummersbach mit ihren Behörden, breiten Geschäftsstraßen und der „Süßen Ecke", wo Tante Hanna mir Sahnetorte mit Schokolade spendierte, war für mich Wiehler Kind das Tor zur weiten Welt. Aber das Gefühl, zurück in mein Dorf zu kommen, übertraf alles „Großstadtglück". Wer das Heimweh gespürt hat, weiß, wo er hingehört.

Tante Gertrud hatte mir von ihren wunderbaren Sonntags-Hefebrötchen eine Kostprobe für die Familie mitgegeben. Und ich hatte gelernt, wie man sie herstellte, und dass es Kraft zum Teigschlagen und Geduld zum Warten brauchte, um einen guten Hefeteig zuzubereiten. Das Schönste aber war, dass ich etwas mitzubringen hatte.

Am Abend lag ich wieder in meinem eigenen Bett im vertrauten Schlafzimmer mit der Rosentapete und dem großen Karton mit dem seltsamen Wort auf dem Kleiderschrank. Anni wärmte mich. „Was bedeutet eigentlich C.A.R.E.?", fragte ich.

„Weiß ich auch nicht", sagte sie. „Das ist doch das Paket, in dem die bunten Kämme und der Kakao und die Haferflocken waren. Das ist aus Amerika gekommen."

Ich erinnerte mich. Da waren auch Kleider drin und Seife und Zahnbürsten und Erdnussbutter und Kaffee …

Mutti kam zum Gutenachtkuss. „Was heißt eigentlich C.A.R.E.?", fragte ich wieder.

Sie erklärte: „Sie sagen ‚KÄR', und das bedeutet ‚Fürsorge' oder so ähnlich. Die Leute in Amerika sorgen für uns, weil es uns nach dem Krieg so schlecht geht. Neulich, als wir nichts zu essen hatten, habe ich Gott gebeten, uns zu helfen, und stellt euch vor, am übernächsten Tag kam dieses wundervolle Paket. Ein Angestellter vom Gemeindeamt brachte es."

Ich erinnerte mich genau, es war wie Weihnachten, als wir die Herrlichkeiten auspackten und jedes einzelne Teil bejubelten.

Mutti hatte die Übergardinen zugezogen und sagte: „Man kann Gott um alles bitten, er sorgt wie ein Vater für uns."

Da platzte es aus mir heraus: „Auch um Klavierstunden?"

Sie zögerte einen Moment. Mit dieser schwierigen Frage hatte sie nicht gerechnet. Dann sagte sie leise: „Ja, vielleicht, er versorgt uns mit allem, was wir wirklich brauchen. – Übrigens, wir haben heute den Lebertran vergessen!"

Ich verkroch mich unter der Bettdecke, während sie die grüne Flasche holte, und dachte: Den brauche ich nicht unbedingt. Als ich es hinter mir hatte und sie gegangen war, dachte ich: Aber ich brauche wirklich ganz dringend Klavierstunden.

Kinderleben

Meine Zeit fürs Spielen draußen wurde knapper, als Bubi zur Schule kam. Wir schrieben das Jahr 1950. Für ihn begann nicht der viel zitierte „Ernst des Lebens", sondern eine Leidenszeit, die kein Ende mehr finden sollte. Immerhin hatte er eine ordentliche Schultüte bekommen, von der ich drei Jahre früher nur hatte träumen können. Seine Freude darüber täuschte vorübergehend über den Ernst der Situation hinweg. Bubi konnte sich in keine menschliche Gemeinschaft einordnen, er ignorierte Spielregeln, zappelte herum, tat, was er gerade wollte. Er zog „Spinnennetze" mit Wollfäden quer durchs Wohnzimmer, sodass es unbewohnbar wurde. Er nervte, öffnete und schloss eine Tür hundertmal hintereinander. Die Nerven unserer Mutter hielten das nicht aus. Sie suchte alle möglichen Ärzte mit ihm auf, die nach einer halbherzigen „Untersuchung" feststellten, der Junge sei doch gesund und munter, und „das wird schon werden". Nicht so die Lehrer. Auch sie verzweifelten. Mit seinen Gedanken war er stets in seiner eigenen Welt, nie beim Lernstoff, außer wenn es um Würmer und Fliegen ging – oder um Lieder. Aber das Leben besteht aus mehr als aus Kleintieren und Gesang.

Auch auf dem Schulhof, wo die Kinder miteinander spielten, gab es Regeln. Bubi störte. „Du Nilross", rief jemand wütend, und schon hatte er seinen Spitznamen. „Ich heiße Karl-Gustav, wie der schwedische Kronprinz", entgegnete Bubi, aber er erntete nur hämisches Gelächter. Die Kinder entdeckten sehr schnell, dass man ihn ruck, zuck! zur Weißglut und damit auch zu Fehlreaktionen hochschaukeln konnte. Das war ein begehrtes und brutales neues Gesellschaftsspiel. Und obgleich Bubi dabei das ständige Opfer war, suchte er doch immer wieder die Nähe seiner Peiniger, als wollte er um „Watschen" betteln. Da konnten wir Geschwister nicht viel helfen, er lief weiter systematisch ins „offene Messer", obwohl wir ihn gerne geschützt hätten. So litten wir mit ihm, wenn auch anders als er.

Ich war in dieser Zeit neun Jahre alt und in der vierten Klasse bei Lehrer Langer. Er war noch nicht lange an unserer Schule, doch hatte er die Herzen der Kinder mit seiner lustigen und lebhaften Art ganz schnell erobert – und mit seiner beeindruckenden Kenntnis der Natur. Inge sagte: „Der ist aber kathooolisch!" Wir stutzten. So ein netter Lehrer und katholisch? Das konnte nicht wahr sein! Normalerweise waren die Katholiken doof, das war eine unumstößliche Meinung in Wiehl, und man verkehrte nicht mit ihnen, basta.

Inzwischen hatten wir allerdings so viele von dieser fremden „Fraktion" an unserer Schule – fast alles Flüchtlinge aus Köln –, dass sogar ein Religionsunterricht eigens für Katholiken gefragt war. Und wer erteilte ihn? Ausgerechnet unser liebster Lehrer! Zweimal wöchentlich in der ersten Stunde mussten wir Evangelischen auf ihn verzichten – das schmerzte. Ich hätte so gerne Mäuschen im „feindlichen Lager" gespielt! Einmal pirschte ich mich vor ans Schlüsselloch in der Hoffnung, etwas vom katholischen Unterricht zu sehen oder zu hören. Da ging plötzlich die

Tür auf und stieß mich zurück. Ich war entlarvt, überrumpelt und beschämt, versuchte eine Ausrede zu stammeln, aber es gelang mir nicht.

Herr Langer blieb ganz freundlich. Offensichtlich spürte er, dass ich genug bestraft war. Er schloss die Tür, und ich dachte: Nein, sie sind nicht doof, die Katholiken. Wer das behauptet, ist selber doof.

In diesem Jahr wurde fleißig gebüffelt, weil die weiterführenden Schulen Aufnahmeprüfungen verlangten. „Wer geht demnächst zur Realschule oder zum Gymnasium?", wollte Herr Langer wissen. Acht Kinder meldeten sich und mussten aufstehen. Sie bekamen zusätzliche Aufgaben, besonders beim Kopfrechnen. Meine Mitsängerin Heide war auch dabei, und meine einstigen Maikäferfreunde Klaus und Rolf. Ich musste sitzen bleiben, denn bei uns war längst klar, dass Mädchen keine höhere Schulbildung brauchen, weil sie doch einmal Hausfrauen und Mütter würden. Abgesehen davon: vierzig Mark Schulgeld plus Schulbücher – wer konnte das aufbringen? Kriegswaisen blieben Hauptschüler, weil der Ernährer fehlte. Wir hatten zu Hause nie darüber geredet, obwohl ich oft geäußert hatte, dass ich später einmal Lehrerin werden wollte. Jetzt, als Bubi Hilfe brauchte, erinnerte sich meine Mutter daran. Sie erklärte mich zu seiner Privatlehrerin, die so lange neben ihm sitzen bleiben musste, bis seine Hausaufgaben erledigt waren.

Was für eine Tortur! Der Griffel quietschte, Karl-Gustav schrieb mit dem ganzen Körper, so strengte es ihn an. Die Nase landete fast auf der Tafel, die Zunge bewegte sich bei offenem Mund mit, seine Gesichtsmuskeln zuckten.

Das Rechnen war wieder eine ganz andere Katastrophe. Zahlenveranschaulichungen halfen nur wenig. Abstrakte Vorgänge konnte er auch nach bester Vorbereitung nicht nachvollziehen. Ein Rechenpäckchen war wie eine Stunde Schwerstarbeit zu bewerten. Er seufzte und sagte: „Da, die Fliege am Fenster, sie versucht schon so lange, nach oben zu kommen, aber sie rutscht immer wieder nach unten." Ich holte ihn zurück zur Rechenaufgabe, da sagte er: „Ich muss mal." Ich wartete. Er kam ewig nicht zurück. Ich ging nachschauen. Da war er leise auf und davon, hinaus ins Freie, so weit weg, dass ich ihn nicht wiederfand. Auch ich atmete auf. Erst am Abend kam er zurück.

An anderen Tagen konnte er glaubhaft versichern, keine Aufgaben aufzuhaben. Einmal schrieb er: „die maus ist im Loch."

Ich erinnerte ihn: „Alles, was du sehen und anfassen kannst, wird groß geschrieben."

„Aber wenn sie doch im Loch ist …!" Dies war seine persönliche Logik. Er wurde mehrmals auf seine Intelligenz getestet, und die Tests fielen ganz unterschiedlich aus, je nach Tagesform. Manchmal wollte er und konnte nicht, dann wieder konnte er und wollte nicht.

Ich glaube, ich habe unsere Mutter erfolgreich vor weiteren Nervenzusammenbrüchen geschützt, indem ich auch diese fatale Rollenzuweisung schluckte, schließlich war ich ihr „Sonnenschein"! Mein Wunsch, später einmal Lehrerin zu werden, hat an dieser Erfahrung aber keinen Schaden genommen.

Als Bubis erstes Schuljahr zu Ende ging und die Versetzung diskutiert wurde, hörte ich seine Lehrerin sagen: „Ich will ihn versetzen, denn ich bekomme auch nächstes Jahr das erste Schuljahr. Noch einmal so ein Fiasko überlebe ich nicht." Auf diese Weise rutschte er von einer Stufe in die andere.

Für mich war das Ende des Schuljahres auch aus anderen Gründen traurig: Acht Mitschüler durften auf weiterführende Schulen abgehen, eine geschrumpfte Klasse blieb zurück bei Lehrer Martin. Lehrer Langers Rennpferde waren nun in einem anderen Stall untergebracht, und das Lernen machte nicht mehr halb so viel Spaß. Der Unterricht schleppte sich träge dahin. Manchmal schwärmte die Klasse auf einen Kartoffelacker aus, um dem schädlichen Kartoffelkäfer den Garaus zu machen. Es galt, die Kartoffelernte für dieses Jahr zu sichern, das war die Aufgabe der Schulkinder. Jeder Käfer, den wir aufspürten, bereitete uns ein kleines Fest, brachte Lob und Anerkennung. Später suchten wir die Kohlpflanzen nach den gefräßigen Raupen ab.

Die gesunden, großen Weißkohlköpfe landeten im Herbst auf dem „Kappesschaber", der reihum im Dorf ausgeliehen wurde. Stundenlang schabten Doritha und Marlene unter Mutters Anleitung den kostbaren Kohl, schichteten ihn in Tongefäße, bestreuten ihn mit Salz, stampften ihn fest und bedeckten ihn mit einem Leinentuch und einem Teller, auf dem ein schwerer Stein ruhte. Nach einigen Wochen bildete sich Kahm an der Oberfläche. Was hätten wir im Winter ohne das vitaminreiche Sauerkraut gemacht?

Ähnlich verarbeiteten wir die Stangenbohnen. Auch sie durchliefen einen Gärungsprozess in einem großen Steintopf. Wir liebten das praktische Schnibbelbohnen-Maschinchen. Anni drehte, ich steckte die Bohnen hinein. Im Winter freuten wir uns über den Schneidebohnen-Eintopf, zu dem Onkel Otto ein gutes Stück Fleisch spendierte.

Meine Studien am Harmonium hörten sich immer besser an, ich übte, wann immer es möglich war. Inzwischen konnte ich schon mit beiden Händen Doppelgriffe zu klangvollen Harmonien zusammenfassen. Ich brauchte auch die Töne auf den Tasten nicht mehr zu suchen. Zwar wusste ich nicht, wie sie hießen, aber ich kannte ihren Ort auf dem Manual. Wenn ich nicht gestört wurde, gelang es mir, eine ganze Liedzeile vierstimmig zu spielen. So tastete ich mich weiter vor in die wunderbaren Musikwelten, die noch so viele Geheimnisse bargen. Am Instrument vergaß ich, was mein Leben belastete. Und samstags im Büdchen bei Fräulein Klein war ich einfach nur glücklich.

Im Elternhaus meines Vaters

Eines Tages rief Lehrer Martin mich zu sich. „Bestell deiner Mutter doch bitte, dass ich sie sprechen möchte." Hatte ich was verbrochen? Ich konnte mich nicht erinnern.

Die Unterredung fand statt, aber ich erfuhr nicht, worum es dabei ging. Mutti wollte oder konnte es mir nicht sagen. Sie half sich dann aus der Verlegenheit, indem sie mich auf später vertröstete. Immer dieses „später vielleicht"! Ich hasste diesen Satz! Was hinderte sie, offen mit mir zu reden?

Als die Herbstferien nahten, kam einer dieser seltenen Telefonanrufe, die unser Nachbar Ewald Engelberth laut im Dorf ausrufen musste. Er stand vor seiner Ladentür und formte die Hände zu einem Trichter. Der kleine Mann hatte eine Donnerstimme. Hätte es einen Opernchor in Wiehl gegeben, wäre er für den Bass qualifiziert gewesen. „Frau Kienbaum! Telefon!!"

Das ganze Dorf war informiert, Mutti beeilte sich, denn jede Minute Fernsprecher kostete Geld. Tante Hanna aus Gummersbach war am Apparat.

„Du bist in den Kartoffelferien nach Gummersbach eingeladen, Gitti", verkündete Mutti am Mittagstisch. Ich spürte, wie sich alles in mir verkrampfte. Nein, das war keine gute Nachricht. „Aber diesmal bei Tante Hanna!"

„Wirklich?"

„Ja, sie meint, du seist jetzt alt genug, um bei den Krabbelkindern zu helfen."

Ich hatte mich darauf eingestellt, bei der Kartoffelernte auf Bergerhoffs Acker mitzumachen, aber wenn ich die Wahl zwischen Kartoffeln und Babys hatte …

Ich begann, die Tage zu zählen. Einmal wurde der Termin für die Kartoffelferien noch verschoben, weil die Knollen noch nicht ausgereift waren. Aber dann war es so weit, ich zog mit einer Reisetasche los.

Während der gelbe Postbus mich durch die engen Dörfer chauffierte, spürte ich, wie sich das altbekannte „Grotenbach-straßen-Gefühl" langsam meiner bemächtigten wollte. Ein leichtes, wehmütiges Ziehen in der Brust und im Bauch, eine Enge beim Atmen, ein „Pass-auf"- und „Nimm-Haltung-an"-Impuls. Ich richtete mich im Sitz auf und schaute nach vorn. Da spürte ich, wie mich auch die Vorfreude leise lockte. Sie versicherte mir: Du wirst im oberen Stock wohnen, nicht unten. Du wirst in der Dachmansarde schlafen, nicht in der „Lufthütte", wo du nachts durch Tante Luises Husten geweckt wurdest und stets Angst hattest, sie würde ersticken. Oben ist die Luft reiner, da wird gelacht und geweint, gespielt – da wird gelebt.

Das stattliche Gebäude mit vielen Fenstern, kleinen Erkern und Giebeln in einem großzügig angelegten Garten ließ mein Herz ehrfurchtsvoll stärker klopfen, als ich die Treppe hochstieg. „Haus Kienbaum" stand oben, in Metalllettern gegossen und am Treppenaufgang befestigt. Großvater Martin Kienbaum, den ich nur von einem alten Foto kannte, hatte nicht gespart, als er das Heim für seine sechzehnköpfige Familie baute. Hier war mein Vater mit seinen dreizehn Geschwistern aufgewachsen. Die Ältesten waren bereits im heiratsfähigen Alter, als die Jüngsten geboren wurden. Während die Jungen die höheren Schulen besuchten, standen die Töchter nach der siebenjährigen Volksschulzeit der Mutter zur Seite, im Haushalt und bei der Betreuung der kleinen Geschwister. Mein Vater war der Drittjüngste in der langen Geschwisterreihe gewesen.

Ich schaute mich im Vorgarten um. Buchshecken umrahmten die verblühenden Rosenbeete, Efeuranken schmückten das alte Mauerwerk, eine Zierquitte leuchtete golden und rot, und an der langen Wäscheleine flatterten, platzsparend aufgehängt, unzählige Windeln im Wind.

Ich dachte: Wie gut, dass es so viele Räume in diesem Haus gibt. Es hatte reichlich Platz für die vier unverheirateten Tanten und beherbergte außerdem das Säuglings- und Kleinkinderheim, das Tante Hanna seit Ende des Krieges leitete. Der Betrieb lief so gut, dass die Tanten alle davon profitierten, und natürlich engagierten sie sich auch in der Buchführung und bei der Wäschepflege. Eine Familie, die zusammenhält, hat es in schweren Zeiten leichter.

Tante Hanna wies mich in meine Aufgabe ein. „Ich wünsche mir, dass du mit den Kindern viel redest, spielst und lachst", sagte sie. „Sie werden bei uns zwar sehr gut versorgt, aber ein kleines Kind braucht mehr als alles andere Nähe, Wärme und liebevolle Zuwendung, und das können wir beim besten Willen nicht leisten. Wir können den Kindern niemals eine Mutter ersetzen."

„Und warum geben die Mütter die Babys ab?"

„Zum Teil, weil sie krank sind. Stoffwechselstörungen, Fehlbildungen, Magenpförtnerkrämpfe. Ein Teil der Kinder ist aber bei uns, weil sie unehelich geboren wurden und in der Familie abgelehnt werden. Vielleicht werden sie einmal adoptiert. Ich hoffe aber, dass diese Eltern sich noch eines Besseren besinnen. Sie wissen ja gar nicht, was sie da verpassen.

Und dann gibt es Mütter, die ihre Berufstätigkeit nicht aufgeben wollen. Sie reden sich ein, dem Kind gehe es bei mir besser als bei ihnen zu Hause. Sie irren gewaltig." Ich spürte, wie recht Tante Hanna hatte.

In diesen Tagen kümmerte sie sich intensiv um ein Frühchen, das kaum Lebenschancen hatte. „Versuchen Sie es bei Schwester Hanna", hatte der Kinderarzt den verzweifelten Eltern geraten. Mit Tränen in den Augen und schweren Herzens hatten sie das kleine Bündel in Tante Hannas Arme gelegt. Jetzt schlief es im Körbchen neben ihrem Bett, sorgsam gewärmt mit Wärmeflaschen, eingehüllt in Moltontücher, kämpfte es sich durch die langen Tage und Nächte, und Tante Hanna flößte ihm alle dreißig Minuten ein Löffelchen Kindernahrung ein.

„Machst du das auch nachts?", fragte ich sie.

„Ja, alle dreißig Minuten. Die Wärmflaschen müssen nachgefüllt werden, und irgendwie muss ich dafür sorgen, dass das Kind Nahrung bekommt, notfalls über die Sonde. Es hat bereits fünfzig Gramm zugenommen, das ist ein gutes Zeichen und macht mir Hoffnung. Aber ich kann mich anstrengen, wie ich will, wenn Gott es nicht beschützt, ist alles umsonst."

„Dann hast du jetzt drei Nächte nicht mehr geschlafen?"

„Ach, Brigittchen, ob ich wach bleibe, weil ein Baby mich braucht oder weil ich Schmerzen habe, das macht wirklich keinen Unterschied."

Ich beobachtete, wie mühsam sie sich bewegte. Das linke Bein war stark verkürzt und auf orthopädische Schuhe mit stark erhöhten Sohlen und Absätzen und langem Schaft angewiesen. Tante Hanna war damit pausenlos auf den Beinen, und oft hörte ich sie ein munteres Liedchen pfeifen oder vor sich hin summen. Deshalb war mir nie der Gedanke gekommen, sie könnte Schmerzen haben. Ich begann, meine Tante zu verehren. Wenn sie mich nach getaner Arbeit abends in ihr Wohnzimmer einlud, um ein wenig mit mir zu plaudern, dann spürte ich ihre ehrliche Wertschätzung. Sie interessierte sich für mein Wohlergehen und erkundigte sich eingehend nach meinen Geschwistern. Schließlich gehörten wir zu ihrem Lieblingsbruder Wilhelm, der, ein Jahr jünger als sie, zusammen mit ihr aufgewachsen war. Sie erzählte mir von seiner fröhlichen Art, mit der er gut durchs Leben gekommen wäre, wenn nicht dieser schreckliche Krieg gekommen wäre. Aber er war nicht das einzige Opfer in der Familie. „Drei gefallene Söhne in einem Krieg – das war zu viel für unsere Mutter. Das hat ihr Herz nicht ausgehalten."

Einmal erkundigte sie sich nach der Schule. Ich erzählte ihr von meinen Lehrern, und dass ich am liebsten später einmal Lehrerin würde. „Ich bin nie gerne zur Schule gegangen", sagte sie, „und das habe ich später manchmal bereut. Aber meine Schulzeit war auch alles andere als schön. Ich musste eine schwere Schiene am kranken Bein tragen, die war so lästig, und sie schepperte bei jeder Bewegung. Und du weißt, Kinder können grausam sein. Sie lachten mich aus. Manchmal habe ich an den Schrauben gedreht, bis die Schiene aufging, dann hatte ich einen guten Grund, mich nach Hause abzumelden. Aber mein Vater kannte kein Pardon. Er kam mittags nach Hause, und ich musste täglich meine gymnastischen Übungen mit ihm machen, bis mir die Tränen kamen. Heute bin ich ihm dankbar, dass er so konsequent war. Aber, du bist auf der Volksschule, und eigentlich willst du Lehrerin werden? Da gehörst du doch woanders hin, Brigitte."

Ich nickte. „Es geht aber nicht", sagte ich traurig.

Tante Hanna verstand mich. „Du möchtest deine Mutter nicht belasten, nicht wahr?"

Wieder nickte ich. „Es ist zu teuer", sagte ich. „Mutti weiß manchmal nicht, wie wir zurechtkommen können."

Tante Hanna seufzte. Dann sagte sie: „Aber wenn man etwas ganz entschieden will, dann geht es auch irgendwie. Mein Säuglingsheim gibt es nur deshalb, weil mich keine Macht dieser Welt davon abbringen konnte, meine Idee in die Tat umzusetzen. Die erste Zeit war schwierig, ich habe mit einem einzigen Kinderbettchen begonnen. Die Leute belächelten mich und schüttelten die Köpfe. Eine Schnapsidee, sagten sie. Aber ich glaubte daran, dass es richtig war. Und nun? Wir haben jetzt nach sechs Jahren bereits dreiundzwanzig Kinder, und ich könnte noch mehr aufnehmen, wenn ich den Platz hätte."

Die Tage in Gummersbach flogen nur so dahin. Ich nahm nicht gerne Abschied, die Kinder waren mir ans Herz gewachsen und meine Hanna-Tante hatte ich lieb gewonnen. Ein bisschen hatte es mir auch der Luxus in ihrem Haushalt angetan: Kochen auf einem richtigen Gasherd – kein mühsames Feuerlegen im Kohleherd –, reichhaltiges Essen, ein Kühlschrank, auch wenn der täglich mit Eisblöcken gespeist werden musste. Und dann der Plattenspieler, ein technisches Wunder! Ich hatte den Brandenburgischen Konzerten von Bach und der Wassermusik von

Händel gelauscht. Nun ging es zurück in meine Familie, in mein Dorf – komisch, und darauf freute ich mich auch.

Mutti empfing mich mit der Nachricht, Tante Hanna habe angerufen.

„Und, was wollte sie?"

„Sie befahl mir, dich schleunigst zur Realschule zu schicken. Sie will das Schulgeld übernehmen."

„Aber ich kann doch nicht einfach jetzt, mitten im Schuljahr …"

„Doch, Lehrer Martin regelt das, er hat mir das neulich versprochen. Er ist auch der Meinung, dass du bei ihm nichts mehr hinzulernst."

Jetzt löste sich eins der vielen „Später-vielleicht"-Rätsel, die in meinem Hinterkopf herumgeisterten. Dies also war der Grund, warum meine Mutter bei Lehrer Martin gewesen war.

Kalter Wind

Mein Lebenskarussell hatte über Nacht Tempo bekommen. Plötzlich stand ich vor einer fremden Klasse. Nur vier Kinder waren mir bekannt. „Dann setz dich mal hier vorne zu Klaus", meinte der Lehrer. Die alten Klassenkameraden grinsten. Ich zierte mich, denn längst war unsere heiße Liebe mehr als erkaltet. Elfjährige sind doch nicht mehr oder noch nicht verliebt! Mir war die Situation peinlich. „Nur vorläufig", sagte der Lehrer, der unsere merkwürdigen Reaktionen registrierte. „Klaus wird dich in seine Bücher schauen lassen, bis du eigene erhalten hast. Es kann ein paar Wochen dauern, so lange solltet ihr auch zu Hause die Bücher teilen. Ihr wohnt doch im selben Dorf?" Wir nickten unauffällig.

Sollte ich mich über den Schulwechsel etwa freuen? Alles

war mir fremd, und irgendwie war mir kalt. Es herrschte ein sachlicher, strenger Ton. Lothar hatte es immer gesagt: „Auf der Realschule würde es dir schlecht ergehen." An Zeugnistagen pflegte er diesen Satz zu sagen, und das hing damit zusammen, dass Mutti gute Noten mit Kartoffelklößen belohnte. Echte Thüringer! Da hatte ich ihm gegenüber deutliche Vorteile, aber ich hatte großzügigerweise auch von meinem Überfluss abgegeben. Trotzdem oder vielleicht gerade deshalb hatte ihn mein Erfolg gewurmt, und dann war dieser Satz gefallen: „Sei froh, dass du nicht auf der Realschule bist." Jetzt war ich dort und sah meinen sechzehnjährigen Bruder in der Pause hinter den kreischenden Mädchen herjagen. Und ich dachte: Warte ab, ich werde dir beweisen, dass mir mein nächstes Zeugnis mehr als zwei Klöße einbringt …

Nach der Schule führte mein Weg nach Hause an der Schulbaracke vorbei, in der meine alte Klasse büffelte. Ich setzte mich wartend aufs Treppchen. Am liebsten hätte ich um Einlass gebeten. Deutlich spürte ich, wie sehr ich sie alle vermisste. Ich schluckte den Trennungsschmerz hinunter und machte mich weiter auf den Weg.

Das wiederholte sich täglich, bis ich eines Tages eine Überraschung erlebte. Mitten im Deutschunterricht klopfte es an die Tür. Der Lehrer öffnete und sprach ein paar Sätze mit der Sekretärin, dann rief er mich heraus. „Brigitte", sagte er, „da kam ein Anruf von Lehrer Martin, deinem früheren Klassenlehrer. Er möchte, dass du noch einmal zu Besuch in deine alte Klasse kommst." Ich schaute ihn ungläubig an. „Es geht um Fräulein Jost, deine Biologielehrerin. Sie macht heute ihre Prüfung. Sie möchte so gerne, dass du dabei bist."

Ich hatte verstanden. Fräulein Jost hatte in letzter Zeit mit uns auf ihre Prüfung hingearbeitet und uns eingebläut, dass sie sich interessierte Kinder wünschte. „Hilf ihr, eine gute Prüfung zu machen", sagte Dr. Hoof, „und dann komm schnell zurück."

Ich flog die Hauptstraße entlang. Keuchend kam ich in meiner alten Schulbaracke an. Dort war gerade die Prüfungskommission eingetroffen. Fräulein Jost war sichtlich nervös. Sie strahlte erleichtert, als sie mich sah. In den Augen meiner Mitschüler stand Skepsis. „Warum hast du uns verlassen?", schienen sie zu fragen. Ich wusste nicht, wie ich ihnen das erklären konnte. Irgendwie aber war ich glücklich, dass ich diese Stunde miterleben durfte. Es war wie ein nachgeholter Abschied. Wenn ich allerdings vorher gewusst hätte, dass Fräulein Jost einen richtigen ausgewachsenen Schäferhund zur Anschauung gewählt hatte, dann hätte ich mir meine Beteiligung gründlich überlegt. Ich saß ganz nah bei ihm. Er riss seine Schnauze weit auf und zeigte seine scharfen Zähne. Ich hatte Angst und sollte mich doch rege beteiligen!

Irgendwie muss es mir gelungen sein, beides miteinander zu vereinen. Fräulein Jost drückte mir zum Abschied glücklich die Hand. Dann trottete ich zurück in mein neues Schul-Zuhause, und ich spürte, alles würde gut werden.

Bis zu den Weihnachtsferien konnte ich mich am Englischunterricht der neuen Klasse kaum beteiligen. Ich stellte zwar alle Antennen auf Empfang, aber vieles verstand ich einfach nicht. In den Weihnachtsferien sollte ich den Stoff des letzten Halbjahres nachholen, unter der Aufsicht meines Lehrers, Dr. Hoof. Kellenweise trichterte er mir die Grammatik und die Vokabeln ein. Zweimal wöchentlich pilgerte ich zu ihm nach Hause und genoss seinen guten Nachhilfeunterricht, verbunden mit einer warmen, väterlichen Zuwendung. Er freute sich über jeden kleinen Erfolg. Es machte ihm einfach Spaß, mir zu helfen, und das tat mir richtig gut. Und als die Schule wieder begann, hatte ich das Gefühl, angekommen zu sein.

Nun aber musste ich damit leben, dass meine alten Klassenkameradinnen von mir abrückten. Ich gehörte wohl nicht mehr zu ihnen? „Die Realschüler sind doch alle Angeber", hieß es bisweilen. „Sie wollen hoch hinaus." Hörte dieses Klassendenken denn nie auf?

Hier die Evangelischen – da die Katholischen. Hier die Einheimischen – dort die Flüchtlinge. Hier die höheren Schüler – dort die Volksschüler. Ich hasste es!

Meine großen Brüder

Ich glaube, dass Martin, mein ältester Bruder, mich um mein neues Glück beneidete – auch wenn er es nicht zeigte. Wie gerne hätte auch er eine höhere Schulbildung genossen! Leider war er zum falschen Zeitpunkt geboren worden. Am 30. Januar 1933, dem Tag der Machtergreifung Hitlers, hatte er das Licht der Welt erblickt. Als unser Land zusammenbrach, war er zwölf Jahre jung. In Wiehl angekommen, waren die Schulen mit Besatzungssoldaten belegt. Es gab nur wenig und sporadisch Unterricht. Martins Lernhunger konnte nicht gestillt werden, oder doch? Die Gummersbacher Tanten machten den Vorschlag, dass er bei ihnen einziehen solle, um das Grotenbach-Gymnasium zu besuchen. Das war immerhin einen Versuch wert.

Er hielt es jedoch nicht lange aus. In der Schule wurde kaum neuer Stoff vermittelt. Überall fehlten die Lehrer, es gab keine Schulbücher, die Schüler wurden mehr oder weniger hingehalten und auf bessere Zeiten vertröstet. Und bei den Tanten erlebte er so seltsame Erziehungsmethoden, dass ihn das Heimweh überkam. Außerdem machte er sich Sorgen um unsere Mutter. Als er vierzehn Jahre alt wurde, traf er die Entscheidung, auf die Schule zu verzichten und eine Lehre zu machen. Wir hatten gerade unser Häuschen bezogen. Er kam zurück, fand einen Lehrplatz in Dieringhausen in einer Weberei. Dort begrub er seinen Lebenstraum Medizinstudium. Weil er aber ein fleißiger Lehrling war, hatte er nach drei Jahren ein sehr gutes Zeugnis in der

Hand. Im Selbstunterricht eignete er sich das Wissen an, mit dem er an einer technischen Hochschule ankommen konnte.

Für mich war Martin ein bisschen wie ein Vater. Er schien das auch so in Ordnung zu finden. Einmal kam er vom Studium nach Hause und hatte kein Geld mehr in der Tasche. Es fehlte sechzig Pfennig für den Bus nach Wiehl. Deshalb war er von Dieringhausen aus spätabends mit seinem Koffer zu Fuß durch den Wald gelaufen. Als er dann das Gepäck öffnete, kam eine Bäckereitüte zum Vorschein mit einer Süßigkeit für die kleinen Geschwister.

Mein großer Bruder hatte einen Tischwebrahmen anfertigen lassen, um der Familie ein kleines Nebeneinkommen zu ermöglichen. Er hatte das Weben ja von der Pike auf gelernt und vermittelte es weiter an Marlene, die geschickt mit Wolle und Stoffen umgehen konnte. So war der Webrahmen fast immer in Betrieb und es entstanden ganz wunderschöne Kissenhüllen, Tischdecken oder einfach Stoffe zum Verarbeiten.

Als ich Martin eines Tages um Rat fragte, weil wir für den Deutschunterricht einen Gegenstand beschreiben sollten und ich keine Idee hatte, sagte er: „Dann beschreibe doch unseren Webrahmen." Ich meinte, das sei eine gute Idee, aber da sei ich doch auf seine Hilfe angewiesen wegen der Fachausdrücke. „Ja, ich kann dir helfen", sagte er, „aber zuerst muss ich mal nötig, und es wird länger dauern." Ich postierte mich vor der Klotür mit Bleistift und Papier und spitzte die Ohren, während er drinnen den Text ausbrütete und diktierte. Martin konnte sich so gewählt ausdrücken, manchmal wie ein richtiger Professor. Das fand ich bewundernswert, und davon profitierte ich nun. Bestimmt würde ich mit meiner Beschreibung gut abschneiden!

Am nächsten Tag meldete ich mich eifrig, als es darum ging, die Hausaufgabe vorzulesen. Ich hatte Glück, der Deutschlehrer rief mich auf. Selbstbewusst begann ich zu lesen. „Unser Webrahmen. Zunächst fällt uns das Gestell ins Auge …"

„Aua!", rief Dr. Hoof, und die ganze Klasse brüllte los. Er nahm seine Brille von der Nase, untersuchte sie und sagte: „Da habe ich aber noch mal Glück gehabt, sie ist tatsächlich heil geblieben."

Zu dumm war das, weil ich nicht einmal richtigstellen konnte, dass dieser Text nicht von mir stammte. Ich musste die Schmach wohl oder übel auf mich nehmen und nahm mir vor, meine Hausaufgaben in Zukunft wieder selber zu machen.

Wenn Martin nach Hause kam, wurde das Alltagsleben irgendwie interessanter. Unsere Mutter war fröhlicher als sonst. Freunde kamen und gingen. Irgendwann wurde er stolzer Besitzer einer selbst verdienten Kamera, schoss Schnappschüsse und präsentierte sie. Nein, keine Schwarz-Weiß-Fotos! Er schickte die Filme weg und ließ sie entwickeln, dann steckte er kleine Bildchen in vorgefertigte Rahmen und beschriftete sie. Schließlich gab es den ersehnten Anlass einer Lichtbilderschau. Wir befestigten ein Betttuch an der Übergardine, räumten das Wohnzimmer um, und unsere Mutter holte einen guten Tropfen aus dem Keller. Nachbarn kamen. Das Wohnzimmer wurde zum Kino. Jetzt machten wir das Licht aus, und los ging es, auf eine Reise in den Schwarzwald. Jedes Bild löste spontan eifriges Geschnatter aus. Martin kommentierte auf seine professionelle Art. Lachsalven drangen bis auf die Straße.

Irgendwann tönte es aus dem Hintergrund: „Das ist alles schön und gut, aber … mein … Glas … ist … leer." Herr Engelbert, unser Telefonbote, wusste für sich zu sorgen.

An anderen Abenden ging es weniger geordnet zu. Martin war wieder im Studium, und dann führte Lothar das Regiment. Wir nutzten die Abende, wenn unsere Mutter nicht im Haus war, für eine „sturmfreie Bude". Alle versteckten sich, einer suchte, und das alles im Stockdunkeln. „Um zwölfe stehn die Toten auf", nannten wir das Spiel. Es war gruselig, wenn Lothar, das Bleichgesicht, im Türrahmen erschien – wie ein Geist. Er brauchte gar nichts zu machen oder zu sagen. Seine bloße Anwesenheit im Raum löste Glucksen und Prusten aus, und schon hatte er ein quiekendes Opfer in seinen Klauen.

Manchmal jedoch wurde es ernst. „Gitti, komm, wir müssen ein Huhn schlachten", sagte er eines Tages. „Du hältst fest, ich schlage zu. Komm schon, stell dich nicht so an!" Und weil bei uns die Jüngeren den Älteren gehorchen mussten – die einfache und unumstößliche Faustregel unseres Zusammenlebens galt noch immer –, folgte ich ihm in die Scheune.

Er schnappte sich ein braunes Rodeländer-Prachtexemplar und legte es mir in den Arm. „Gut festhalten", befahl er. „An den Beinen und am Schwanz!" Ich gehorchte mit schwachen Knien. „Hier über den Hackklotz halten! Weiter nach unten!" Lothar schlug zu, ein schriller Schrei, schrecklich anzuhören, ging mir durch Mark und Bein. Auf dem Boden lag der blutende Kopf. Ich hatte in der Panik das Tier losgelassen. Das kopflose Huhn flatterte jetzt ziellos durch die Luft, eine Blutspur bildete sich auf dem Boden. Mir wurde übel.

Als das Huhn nicht mehr zuckte, nahm Lothar es, tauchte es in einen Eimer mit heißem Wasser und sagte: „Los, jetzt rupfen wir es, bevor es kalt wird." Schnell legten wir Hand an. Lothar wusste sogar, wie man die Innereien herausnahm. Hatte er das von Opa gelernt?

Jedenfalls gab es am nächsten Tag Reis mit Huhn. „Lothar bekommt einen Schenkel – fürs Schlachten", sagte Mutter. ‚Und ich??' Ich wagte es nicht laut zu äußern, weil ich gelernt hatte, Muttis Anordnungen zu folgen. Stattdessen knabberte ich an einem elenden Flügel und schaute neidvoll zu, wie Lothar seinen Vorteil genoss. Warum waren die Jungen eigentlich wichtiger als die Mädchen?, rätselte ich. Martin bekommt ein Ei gekocht, wenn er ins Studium abreist. Bubi darf all das tun, was ich nicht einmal zu denken wage. Und ich?

Jeder von uns dachte das hin und wieder. Jeder fühlte sich einmal benachteiligt. Jeder musste es einüben: zuschauen, wenn ein anderer sich freute. Die nächste Lektion war, den Neid zu beherrschen, die übernächste, sich mitzufreuen. Wir übten all dies jeden Tag, jahrelang.

Nein, unsere Mutter empfand sich nicht als ungerecht. Aber sie ignorierte unsere Neidgefühle. Sie verteilte Vorteile und Nachteile, wie es gerade kam. Wir fühlten uns trotzdem geliebt, nur nicht alle gleichzeitig.

Aber es gab auch Glücksmomente für alle gleichzeitig! Eines Sonntags saßen wir im Garten zusammen. Es gab Waffeln mit Johannisbeergelee zum Malzkaffee. Martin war aus Aachen gekommen, Lothar ausnahmsweise nicht mit dem Fahrrad unterwegs – da stellte Doritha fest: „Wir sind so viele und haben alle Stimmlagen, wir könnten einen richtigen Familienchor bilden." Marlene jubelte: „Au ja!" Lothar winkte ab: „Auch das noch!" Aber er wurde einfach durch die Begeisterung der andern übstimmt. Martin holte die Noten und stellte sich als Dirigent zur Verfügung.

Wir kannten das vierstimmige Singen aus dem Gottesdienst und es machte uns keine Mühe.

Langsam wuchs uns der Choral ans Herz: „Such, wer da will, ein ander Ziel, die Seligkeit zu finden." Ein altes Lied fand seinen Weg in unsere Runde, redete zu uns, schenkte uns Trost. Von den „Feinden" war da auch die Rede. Welche Feinde? Die Russen? Vor denen waren wir doch nun sicher! Unsere Mutter meinte: „Es gibt auch innere Feinde, es könnte die Bitterkeit sein."

„Wie meinst du das?"

„Ach, zum Beispiel, wenn ich sonntags die Familien spazieren gehen sehe, und sie sind komplett, mit Vater … Manchmal hasse ich die Sonntage!"

Ich dachte, wenn die Trauer auch solch ein innerer „Feind" war, dann wohnte er doch mitten unter uns. Er hockte in allen Winkeln unseres Hauses. Und er hatte viel mehr Register als unser Harmonium. Wenn wir ihn rausjagten, vor die Tür, dann kam er irgendwo zum Fenster wieder herein. Aber ich wusste, wie ich ihn klein kriegte. Am Harmonium saß er neben mir. Ich fand Melodien und Harmonien, die er nicht mochte, und er verduftete. Jetzt ging mir ein Licht auf. Deshalb zog es mich immer wieder zu diesem Instrument!

Dieser Sommer, als unser Familienchor aufblühte, war eine Zeit gemeinsamen Glücks. Wir sangen alle vierstimmigen Sätze, die uns in die Quere kamen, auch die schönen alten Volkslieder: „Kein schöner Land", „Und in dem Schneegebirge", „Ännchen von Tharau". Unsere Mutter sagte: „Manches ist wohl schwer, aber dass wir einander haben, das wiegt alles Schwere auf." Später, als wir das lang ersehnte Radio bekamen, da war es aus mit dem Chorsingen.

Rolltreppen fahren

Vor dem Radio aber kam der Kühlschrank. Welch eine Erleichterung! Bisher musste alles Verderbliche hinunter in den Keller gebracht werden. Dort, im kühlen Vorratsraum, stand der Fliegenschrank. Wie oft wir täglich wie auf einer Jakobsleiter runter und wieder rauf stiegen, konnten wir nicht zählen. Jetzt sorgte ein Kühlschrank in der Küche dafür, dass die Lebensmittel gut aufgehoben waren. Unsere Mutter war glücklich. Auch in der Waschküche tat sich etwas: Eine halbautomatische Waschmaschine erleichterte das mühsame Waschritual. Und die Betttücher kamen nicht mehr auf die Bleiche, weil das Waschpulver mit Bleichmittel angereichert war.

Anfang der Fünfzigerjahre spürten wir deutlich, wie es in unserem Land wirtschaftlich bergauf ging. Dorithas Altersgenossin Hedwig trug plötzlich rote Pumps. Schuhe mit hohem Absatz, und dann auch noch ritzerot! Wenn sie über die unebenen Wege des Dorfes stelzte, konnte sie sicher sein, dass ihr neidische Blicke folgten. Bald besaß auch Erika rote Pumps. Und Doris! Und alle trugen dazu diese wunderbaren, hauchdünnen

Seidenstrümpfe mit der Naht, die ein Bein entweder schön oder hässlich machten, je nachdem, ob sie sorgfältig oder unachtsam angezogen worden waren. Und wenn es eine Laufmasche gab, dann gingen sie zum Kaufhaus Schumacher ins nahe Wiehl. Dort war eine „Repassiererin" angestellt, die mit einer genialen Vorrichtung die Strümpfe wieder reparierte.

Dass sich eine neue Ära anbahnte, spürten wir auch in der Schule. Katja erschien nach den Sommerferien mit Fotos von der Nordsee. Sie war braun gebrannt. Ihr Vater besaß einen VW-Käfer und hatte seine Familie nach Borkum chauffiert. Wir bestaunten die Dünenlandschaft und vergewisserten uns, dass es wirklich unsere Klassenkameradin war, die da zwischen den Gräsern hervorlugte. Die Glückliche!

Ich bannte den Neid. Schließlich hatte ich auch etwas erlebt! Tante Lotte hatte Anni und mich nach Köln eingeladen.

Dort hatte uns die Tante drei Mark gegeben und uns ganz alleine mit der Straßenbahn in die Stadt fahren lassen. Da gab es eine neue Welt zu entdecken. Kaufhäuser lockten uns mit ihren wunderbaren Auslagen und vor allem mit einer technischen Neuheit: den fantastischen Rolltreppen. So etwas hatten wir noch nie gesehen. Unschlüssig standen wir da und beobachteten staunend, wie sich die Leute der rollenden Raupe anvertrauten. Sollten wir auch einmal? Wir flößten uns gegenseitig Mut ein und dann gaben wir uns einen Ruck. Sanft ruckelnd hob uns das rollende Ungetüm in die Höhe. „Und wie geht das, wenn wir oben sind?", fragte ich skeptisch.

„Tu einfach das, was alle machen", erwiderte Anni. Und dann war es so weit: ein großer Schritt und tiefes Aufatmen – geschafft. Wir schauten uns stolz und siegreich an. „Noch einmal?" Ich nickte. „In den nächsten Stock!"

Wir schwebten wieder und wieder, nahmen die Treppe nach unten zu Fuß, um erneut zu rollen – bis wir oben an der Rolltreppe von einem feinen Herrn angesprochen wurden. „Und die Damen? Womit darf ich Ihnen dienen?"

Wir schauten zuerst ihn, dann uns gegenseitig verdutzt an. „Wir … wir wollten … nur …"

„Rolltreppe fahren, nicht wahr?", ergänzte er.

Wir nickten, er lächelte. „War's denn schön?"

Wir nickten heftig.

„Na, das freut mich, aber jetzt reicht es auch, oder?"

Wieder nickten wir brav, auch wenn wir Nein meinten. Das Spiel war aus, aber schön war's auf jeden Fall gewesen.

Ungern verließen wir das Kaufparadies und schlenderten zum Dom. Hier wimmelte es von Menschen. Ein Marktschreier verkaufte Lose der Domlotterie. „Drei Lose für eine Mark, Leute!" Und da stand auch der Hauptgewinn, aufgebockt auf einer Säule, ein blitzeblankes, knallrotes Auto. „Wenn wir das gewinnen könnten!", träumte Anni. „Wir versuchen es einfach", sagte ich. „Bei drei Losen ist die Chance dreimal so hoch …"

„Und wenn wir gewinnen, wer bringt es nach Hause?"

Ich hob die Schultern. „Kommt Zeit, kommt Rat."

Wir hatten gerade noch genug Geld für die Straßenbahn und die Lose. Mit klopfendem Herzen öffneten wir die kleinen Verpackungen – und machten lange Gesichter. „Na ja", sagte Anni tröstend, „wir hätten es sowieso nicht fahren können."

Aber ich träumte noch lange danach von einem roten Auto neben unserem Haus. Unsere Mutti müsste die weiten Wege nicht mehr zu Fuß machen, und wir brauchten sie am Kampfeldchen nicht mehr den steilen Hang hochzuziehen oder zu schieben. Und diese schweren Einkaufstaschen! Hätten wir wenigstens ein Fahrrad! Dann wäre sie schneller bei den Großeltern, wenn sie Hilfe brauchten.

Unsere Mutter erinnerte uns immer wieder daran, dass Dankbarkeit das Schwere im Leben leichter macht. „Die alte Ahne Bergerhoff sagt immer: ‚Man muss bunger sich gucken.' (Man muss sich mit denen vergleichen, die es schwerer haben.) Sie hat recht. Wenn wir jetzt noch in Schönebeck sein müssten, dann … dann würden wir hungern."

Das sagte sie oft. „Und dass wir eine Todesnachricht bekommen haben, dass ich weiß, was mit Vater ist und nicht wie so viele Frauen sinnlos warten muss …"

Ich schaute sie erschrocken an.

Sie erklärte mir das so: „Stell dir vor, Vater wäre noch am Leben, irgendwo in Sibirien, krank und hungrig, als Kriegsgefangener. Allein die Vorstellung ist mir unerträglich. Und für ihn wäre das Heimweh schlimmer als der Tod. Es ist so besser, auch wenn es wehtut. Die Leute sagen: Besser ein Ende mit Schrecken als ein Schrecken ohne Ende."

Langsam begriff auch ich, dass meine Fantasien, meinen Vater irgendwann wiederzusehen, Hirngespinste waren. Meine Tagträume wichen dem Anspruch der Wirklichkeit. Es gab viel zu lernen und zu helfen – und da war auch noch immer das Harmonium mit seiner magnetischen Anziehungskraft, dem ich längst nicht alle Geheimnisse entlockt hatte.

Und draußen warteten die Wülfringhauser „Blagen" auf uns – so nannte man respektlos die Jugend –, die Tag für Tag mit ihren wilden Spielen und Streichen das Dorf und seine Umgebung unsicher machten. Einmal brauchten wir eine lange Schnur für Völkerball. Wer würde sie zu Hause bekommen? Flempes? Oder Pompi? Hutzen sagte: „Ich choon nit, ming Aal is hüt klutzig." (Ich gehe nicht, meine Alte ist heute mit dem falschen Fuß aufgestanden.)

Ein Brief unterm Weihnachtsbaum

Als die Herbststürme den nahenden Winter ankündigten, die Öfen wieder gefeuert werden mussten, der Umsatz im Wollhandel anstieg, stellte unsere Mutter überraschend die Frage: „Was wünscht ihr euch eigentlich zu Weihnachten?" Das war ungewöhnlich. Früher hatte sie es anders ausgedrückt. „Mal sehen, ob es zu Weihnachten was gibt …" oder: „Ich habe ein Geheimnis …"

Ich hatte kein Problem, einen Wunsch zu hegen, aber ihn auszusprechen fiel mir schwer. Ich schrieb auf einen Zettel: „Ich will kein Geschenk, nur Klavierstunden …", und legte ihn meiner Mutter aufs Kopfkissen.

Weihnachten nahte. Martin hatte bereits seine Ankunft aus Aachen telefonisch mitgeteilt. Mutti hatte ihn am öffentlichen Telefon gefragt, ob er denn auch seine Bratsche mitbringen wolle. Das hatte zu Irritationen geführt, weil Frau Engelbert, die Nachrichtenvermittlerin, gemeint hatte, Bratsche sei ein Mädchenname. „Hast du gehört? Der Martin hat ein Mädchen!"

Mutti fand, ein Weihnachtsbaum sei zu teuer, ein paar Zweige würden es auch tun. Da war ich aber anderer Meinung. In der Schule hatten wir einen wunderschönen Baum für die Weihnachtsfeier. „Was geschieht mit ihm, wenn die Ferien kommen?", fragte ich Hausmeister Schmidt.

„Der? Den werfe ich auf den Müll! Du kannst ihn haben, wenn du willst!"

So kam es, dass ich am letzten Schultag mit einem riesigen Weihnachtsbaum durchs Dorf zog. Er war sehr schwer, und die Schultasche auch, aber die Mühe lohnte sich: Wir sollten einen richtigen Weihnachtsbaum bekommen. Lothar holte die Axt und kürzte ihn so, dass er ins Wohnzimmer passte.

Unter diesem Baum lag am 24. Dezember 1951 der Brief mit der Mitteilung: „Liebe Gitti! Du bist zum Klavierunterricht angemeldet. Er beginnt nach den Weihnachtsferien. Deine Mutti."

Wie sehr habe ich das Ende dieser Ferien herbeigesehnt! Der Tag, an dem ich zum ersten Mal zur Klavierstunde pilgerte, fühlte sich an wie Ostern und Weihnachten zusammen. Ich schwebte wie auf Wolken die Hauptstraße entlang, alles in mir war leicht, fröhlich und neugierig. Heute erfüllte sich der heißeste Wunsch, den ich je hatte.

Von Weitem konnte ich hören, dass Fräulein Klein einen Klavierschüler unterrichtete. Die hellen Töne drangen durchs offene Fenster bis auf die Straße. Ich nahm wie immer den Weg am Wohnhaus vorbei und bog in den Garten ein, als Daika, die kleine, lustige Pekinesenhündin, mich entdeckte. Sie stürzte mir bellend entgegen, drehte sich im Kreis, sprang hoch, nieste und hustete, zeigte mir alles, was sie konnte, um mich angemessen zu begrüßen. Daika war ein Ausbund an Fröhlichkeit, und sie schien zu wissen, dass ihr Auftritt beeindruckte: große Augen unter dem hellen, seidigen Zottelhaar, eine dunkle, platte Nase und ein buschiger Schwanz, der temperamentvoll hin und her wedelte – die Begrüßung war ihr perfekt gelungen.

Die Klavierstundenhündin wusste aber auch, was sich gehörte. Ganz brav verkroch sie sich unter dem Rohrsessel, als meine Klavierstunde begann. Das Geschehen am Klavier verfolgte sie mit wachen Augen.

„Deine Mutter hat mir erzählt, dass du ständig am Harmonium Experimente machst. Was übst du denn da?", fragte mich die Lehrerin.

„Ich suche Dreiklänge und spiele Choräle", sagte ich.

„Aber Choräle spielen lernt man erst, wenn man die Noten kann!"

Ich schüttelte den Kopf und sagte: „Ich kenne eine Note, das C beim Schlüsselloch, das reicht mir."

„Na, da bin ich aber gespannt, Brigitte, dann mal los!"

Ich spielte: „Ich bete an die Macht der Liebe." Ganz einwandfrei war meine Darbietung nicht, aber der Choral war doch deutlich zu erkennen. Hier und da musste ich den richtigen Ton suchen. Fragend schaute ich Fräulein Klein an.

Sie fand das Ergebnis meiner Experimente schon ganz ordentlich. „Das lernst du hier von der Pike auf", sagte sie, „und vor allem musst du wissen, welche Note zu welcher Taste gehört." Sie zeigte mir eine einfache Übung des Kadenzspiels und ermutigte mich, diese immer wieder zu machen. Dann begann der eigentliche Unterricht. „Von der Pike auf", hatte sie gesagt. Und da hatten die Choräle noch nichts zu suchen.

Nach der sechsten Klavierstunde überreichte mir Fräulein Klein die erste Rechnung und sagte: „Brigitte, ich habe mir überlegt, dass du nur den halben Preis bezahlen sollst. Deine Mutter wird nichts dagegen haben. Und ich weiß, du wirst etwas draus machen. Es macht mir Freude, mit dir zu arbeiten."

Leichtfüßig kehrte ich heim.

Meine geplagte Mutter machte große Augen. „Nur zwölf Mark? Für sechs Stunden? Ja, aber …!" Tat das gut, sie so überraschen zu können! Sie hatte auch eine Neuigkeit für mich. „Stell dir vor, es gibt ein Klavier, an dem du üben darfst, so viel du willst. In Wiehl bei Tante Elisabeth vom Schuhgeschäft. Das Wohnzimmer über dem Laden wird nicht genutzt, du kannst dort jederzeit spielen, ohne zu fragen."

So kam es, dass ich fast täglich nach getanen Pflichten den Fußweg nach Wiehl nahm, um an einem richtigen Klavier meine Fingerübungen zu machen. Und weil sich die Mühe des weiten Weges lohnen musste, übte ich gründlich und lange: zuerst die Pflicht – meine Hausaufgaben –, dann die Kür – Kadenzen mit Pedal durch alle Tonarten. Niemand unterbrach mich mit einer Frage oder einer Bitte, niemand fühlte sich gestört. Ich hatte ein geheiztes Wohnzimmer für mich ganz allein, ein echtes Refugium – welch ein Luxus!

Manchmal nahm ich schwierige Hausaufgaben mit in meine „Fliehburg". Zu Hause am großen Wohnzimmertisch war es nicht immer einfach, sich auf die Schulaufgaben zu konzentrieren. Doritha war in der letzten Volksschulklasse und hatte ein gerütteltes Maß an Hausaufgaben zu bewältigen. Sie übte gerne, aber auch laut. Ich lernte dadurch sämtliche Gedichte und Balladen nebenbei mit: „Die alte Waschfrau" und „Schloss Boncourt" von Adelbert von Chamisso, „Die Auswanderer" von Ferdinand Freiligrath.

Lothar mühte sich mit den unregelmäßigen französischen Verben ab. Das war für ihn schlimmer als Hühner schlachten. „Wehe dir, wenn ihr an die unregelmäßigen Verben kommt", drohte er mir. Ich machte mich davon und dachte: Bangemachen gilt nicht. Das Klavier lockte und das Ungestörtsein.

„Willst du glücklich sein im Leben …"

Wenig später bekam ich eine kleine Stelle als Aushilfe in der Gemeindebücherei und verbrachte zwei weitere Nachmittage dort im Wiehler Rathaus. Dr. Hoof, mein Deutschlehrer, hatte mich dazu ausersehen, in der Bücherei zu helfen, und ich bekam das sogar aus der Gemeindekasse bezahlt: fünf Mark im Monat für die Spardose.

Nun tat sich mir die wunderbare Welt der Literatur auf. Wenn an regnerischen Tagen die Kundschaft einmal ausblieb, war ich nicht traurig – dann vertiefte ich mich in abenteuerliche Welten. Ich flog nach New York und kämpfte mich durchs Urwalddickicht in Afrika, begleitete den jungen Mozart nach Wien und sehnte mich mit Heidi nach ihrer wunderschönen Bergwelt, in ihr schlichtes Zuhause.

Fortan glänzte ich zu Hause mehr und mehr mit Abwesenheit, und das hatte natürlich Nachteile für die Geschwister. „Immer, wenn man sie als ‚Springerin' gut brauchen könnte, ist sie fort." Ich hatte mich erfolgreich dem Zugriff meiner fünf „Gebieter" entzogen und mir wohltuende Freiräume erobert. Das sollte ich aber zu spüren bekommen. Plötzlich wurde ich in der Familie „Gräfin" genannt. Eine neue Rolle? Nein, ich spürte, dass ich in diese Schablone nicht hineinpasste. Ich war keine „Etepetete" wie Tante Grete in Gummersbach, eher wie Tante Hanna, die ihren eigenen Weg suchte und fand und sich dabei im Leben nützlich machte. Das wollte ich auch, unbedingt!

In der Schule suchte man Freiwillige, die sich für das Müttergenesungswerk engagieren wollten. Ich meldete mich heftig und bekam meinen Auftrag, mit der Sammelbüchse von Haus zu Haus zu pilgern, mein Sprüchlein aufzusagen: „… damit kranke und erschöpfte Mütter wieder stark werden". Insgeheim wünschte ich mir, meine Mutter würde von diesem „Kuchen" etwas abbekommen. Tapfer schluckte ich die Abweisungen herunter. „Nee, nee, ich bin auch müde und erschöpft, geh zu denen, die zu viel Moos haben!"

Aber gab es Leute mit zu viel Geld überhaupt? Hier und da klingelte es in meine Büchse hinein, das Loch für die Scheine blieb jedoch leider hungrig. Trotzdem, stolz und zufrieden gab ich meine Ausbeute in der Schule ab. Es war schön, die Welt ein bisschen heller zu machen, ganz in dem Sinne, wie es meine Freundinnen mit ihren Sprüchen in meinem Poesiealbum ausdrückten:

Mach einem Menschen jeden Tag nur eine kleine Freud …
Sei heiter und froh, sei ein Sonnenkind …
Edel sei der Mensch, hilfreich und gut.
Hab Sonne im Herzen, ob's stürmt oder schneit …
Wir wolln in unserm kurzen Leben einander viel Sonne und
Freude geben …
Willst du glücklich sein im Leben, trage bei zu andrer Glück!

All diese Sprüche waren wie Wasser auf meine Sonnenschein-Mühle. Ich fühlte mich bestätigt auf meinem Weg und merkte erst viel später, dass ich mich auf einem Irrweg befand.

Vom Zauber des Neuanfangs

Nach den dunklen und entbehrungsreichen Kriegsjahren sehnten wir alle uns nach mehr Licht. Die Menschen wollten die Trümmer nicht mehr sehen und ihr kleines Leben neu aufbauen, Wohlstand schaffen, Freude erleben. Vor allem aber sehnten sie sich danach, das Vergangene restlos zu vergessen, böse Erinnerungen zu verbannen, sich selbst und ihre Kinder nicht damit zu belasten. Das war zunächst auch gar nicht schwierig.

Wir empfanden die Wirtschaftswunderjahre wie einen Zauber. Zum Rückwärtsschauen war keine Zeit, und das war auch nicht attraktiv. Es gab so viel Neues und Faszinierendes – das wollten wir haben und festhalten und möglichst vermehren. Und wenn es mit Mühe verbunden war, nun, dann krempelten wir eben die Ärmel hoch und schufteten.

Lebensdurst verwandelte sich unmerklich in Gier. Das neue Auto, der Anbau, die Urlaubsreise, der technische Komfort, die Mode – all das brachte vorübergehend Glück und Zufriedenheit, beruhigte für eine Weile das Chaos der Gefühle, das wir seit dem Krieg tief in uns trugen: Trauer, Betrogensein, Scham und Wut. Aber dann wollten wir immer mehr.

Zu Hause freuten wir uns über eine Heizung, die uns per Knopfdruck den kalten Winter erleichterte, und dass Martin eines Tages mit einem braunen Borgward vorfuhr, machte uns richtig stolz. Marlene kam zum Weihnachtsfest mit einem großen Koffer voller herrlicher Geschenke für die Familie. Sie war überglücklich über ihr erstes Schwesterngehalt. Ich bejubelte meinen ersten eigenen Knirps. Was auch immer damals geschenkt wurde, man konnte sicher sein, dass es Freude auslösen würde. Schenken und beschenkt werden machte Spaß! Meine Klassenkameradin Beate, ein Flüchtlingskind aus Köln, brachte die Aufbruchsstimmung mit einem kernigen Spruch im Poesiealbum auf den Punkt:

Genieße das Leben beständig, du bist länger tot als lebendig!

Aber ich ärgerte mich darüber, denn er passte nicht zu meiner Lebenseinstellung.

Was sollte der kitschige schwebende Glanzbildengel auf der linken Seite? Hatte ich nicht gelernt, dass das Leben nach dem Tod weitergeht und dass wir „sein werden wie die Engel", was auch immer das heißen mochte? Also, diese Aussage und das Bild dazu waren für mich nicht vereinbar, und so riss ich das Blatt heraus.

Eigenartig, dass ich den Spruch trotzdem nie vergaß! Er schien einen empfindlichen Nerv in mir getroffen zu haben. War es der erste oder der zweite Teil, der mich störte? Oder beide?

Der Ärger forderte mich heraus. Ich erkannte: Es ging ums Genießen. Ich verstand mich von früh auf als Geberin. Meine Mutter hatte mich zu ihrem Sonnenschein erklärt. Daraus folgerte ich: „Du bist dann geliebt, wenn du Licht und Wärme spendest und … und …"

Ich fand Geben ganz bibelgetreu „seliger als Nehmen". Nehmen und genießen? Nein danke! Das ordnete ich ein unter „Egoismus, Selbstsucht". Mit Inbrunst sang ich mein Lieblingslied: „Das will ich mir schreiben in Herz und Sinn, dass ich nicht für mich auf Erden bin", und überhörte dabei den zweiten Teil: „dass ich die Liebe, von der ich leb, liebend an andere weitergeb."

Da war die logische Reihenfolge: Zuerst nehmen, dann weitergeben. Aber das bewusste Nehmen hatte ich nie geübt. Geben konnte ich trotzdem – eine Zeit lang jedenfalls. Ich dachte: Ich bin die Sechste in der Familie und im Krieg geboren, da habe ich doch eigentlich keine Existenzberechtigung – es sei denn, ich verdiene sie mir. Ich verpasste es, aus dem Liebestopf zu schöpfen, und versuchte, Liebe selbst zu produzieren. Strengte mich an, setzte mich unter Druck. Wenn ich Gutes getan hatte, konnte ich zufrieden sein. Wenn ich etwas genießen wollte, bekam ich ein schlechtes Gewissen.

Der Kindergottesdienst in unserer Gemeinde hätte das korrigieren können, aber er verstärkte diese Einstellung. Gesetz wurde gepredigt, und noch einmal Gesetz. Tu dies, lass das! Bravsein wurde gefordert. Gehorsam! Gutes tun, Demut, Umkehr. „Das Weib schweige in der Gemeinde", hörte ich. „Nimm dich nicht so wichtig!" – „Habe nicht lieb die Welt!", „Sitze nicht da, wo die Spötter sitzen!" Damit waren das Kino und der Tanzsaal gemeint.

Gebote und Verbote gab es wie Bäume im Wald. Es war leicht, sich darin zu verirren. Ich horchte in den Wald hinein, ob denn die Stimme von der Liebe Gottes hörbar sei. Sie drang nicht zu mir durch.

Nur manchmal. Hin und wieder gab es ein Sommerfest. Das war große Klasse! Dann standen die geschmückten Pferdeleiterwagen bereit, um uns durchs sommerliche Oberbergische Land zu kutschieren. Wir stürmten sie, versessen auf die besten Plätze ganz vorne, direkt hinter den Pferden. Dann sangen wir unseren Ausflugsschlager: „Immer fröhlich, immer fröhlich, alle Tage Sonnenschein …" Dazu knallte die Peitsche des Kutschers, schnaubten die Rösser, wogten die Pferdehintern auf und ab, ließen sie hin und wieder ihre Äpfel fallen. An einer großen Wiese hielten sie an. Jetzt begann das Spielen, die spannenden Wettkämpfe für Groß und Klein. Opas und Onkels testeten ihre Jugendlichkeit beim Seilchenspringen und Sackhüpfen. Die Frauen deckten Tische mit reichlich Kaffee und Kuchen. Einmal floss sogar Himbeersaft aus einem normalen Wasserhahn, und wir durften trinken, sooft wir wollten.

Lebensfreude pur. Wohin war sie bloß entschwunden, wenn wir wieder in der Sonntagsschule saßen? Der kleine, alte Lehrer mit dem Holzbein bemühte sich Sonntag für Sonntag, uns zu Kindern Gottes zu machen. Der Mensch sei böse von Jugend auf und deshalb erlösungsbedürftig. Ich fühlte mich eigentlich gar nicht böse, oder war ich es etwa doch? Manchmal naschte ich ein bisschen, wenn ich zum Fliegenschrank in den Keller musste. Manchmal drückte ich mich vor dem Abwasch in der Küche. Und ich hatte in der Schule auch mal abgeschrieben. Deshalb aber gleich in die Hölle kommen? Da war ich doch etwas kritisch. Was wurde denn in den anderen Gotteshäusern gelehrt?

Ein frommes Dorf

In unserem Dorf mit seinen gerade mal zweihundert Einwohnern gab es eine große Baptistengemeinde. Die meisten Dorfbewohner gehörten dazu. Sonntags versammelten sie sich in dem geräumigen Saal mit den langen, grauen Holzbänken. Auch von Wiehl und Bielstein kamen die Gläubigen, zu Fuß, per Fahrrad oder Pferdewagen. Es war eine ganz stattliche Gesellschaft, die unser Dorf an den Sonntagen belebte. Der kräftige Gesang drang durch offene Fenster ins Freie. Hin und wieder sparten wir uns den Weg nach Wiehl und nahmen am Gottesdienst im Dorf teil. Es tat gut, andere Lieder zu singen, andere Gesichter zu sehen. Da war auch der alte Onkel Otto Noss mit dem langen, weißen Bart – eine liebenswürdige Respektsperson, hochgewachsen, schlank, mit aufrechtem Gang, den fröhlichen Blick stets nach oben gerichtet. So ähnlich stellte ich mir den Herrn Jesus vor, obwohl dieser doch schon jung gestorben war.

Onkel Otto und seine Frau, Tante Lieschen, wohnten direkt neben dem Gotteshaus. Sie sorgten mit ihrer Familie dafür, dass das Gemeindehaus gut in Ordnung blieb. Der große Saal und das angrenzende Schuppengebäude boten eine Menge Platz und es gab sage und schreibe fünf Plumpsklos. Deshalb feierten die Baptisten hier Jahr für Jahr ihre Himmelfahrtskonferenz. In der Scheune wurden lange Tische und Bänke aufgestellt, damit die vielen Gäste von nah und fern Schutz vor Sonne und Regen fanden. Mit Regen rechneten aber nur die Halbgläubigen. Die andern hatten feste für Sonne gebetet und auch die große Wiesenmulde neben dem Haus gemäht, denn hier konnten noch mindestens hundert Leute lagern und unter dem Lautsprecher der guten Botschaft lauschen.

Prediger kamen zur Feier des Tages von auswärts, manchmal von weit her. Sogar den großen Dr. Hans Luckey aus Hamburg, das baptistische Oberhaupt Deutschlands, würde man sehen und hören. Er verband den Himmelfahrtsdienst gerne mit ein paar Tagen Sommerfrische. Tante Mariechen, eine Schwester von Onkel Otto Noss, durfte ihn dann verwöhnen. Sie platzte vor Stolz ob dieser Ehre. „Us Hans is schon doo", verkündete sie ein paar Tage vor dem großen Ereignis. „Us Hans" saß im Garten unter der alten Trauerweide im Liegestuhl, atmete gesunde Landluft und ließ sich von Tante Mariechen die Waffeln servieren. Wir Kinder hockten hinter der Hecke und spähten durch ein kleines Guckloch in den Garten. Tante Mariechen hatte ihre weiße Voileschürze an und brachte Himbeergelee und gute Butter. „Schmier dir de Löcher voll, Hans", forderte sie ihn auf.

Der Himmelfahrtstag begann mit hellem Sonnenlicht und Vogelgezwitscher – und viel Emsigkeit. Das ganze Dorf wurde mobil. Geschirr aus den Häusern wanderte in die Konferenzküche, Kuchenplatten wurden vorsichtig transportiert, Blumenschmuck gerichtet, und hinter dem Gemeindehaus schleppte man schon seit dem frühen Morgen schwere Wassereimer zum „Taufloch" am Sockel der Nordostwand. Dieses Rohr war nur am Himmelfahrtstag geöffnet, das übrige Jahr hindurch sorgfältig verschlossen. Eimer für Eimer heißes Wasser ergoss sich ins unterirdische Taufbecken. Dort mischte es sich mit dem kalten Wasser aus der Leitung, und der Pegel stieg langsam, bis er kurz vor Beginn des Festgottesdienstes hoch genug war, dass eine erwachsene Person darin untergetaucht werden konnte. Diese Taufen gehörten zu den Höhepunkten des baptistischen Gemeindelebens.

Natürlich gab es auch eine kräftige Verpflegung. Im Keller walteten die Köchinnen. Die gute Erbsensuppe blubberte im großen Waschkessel und verbreitete einen verheißungsvollen Duft.

Nie war im Dorf so viel los wie zur Himmelfahrtszeit. Die Eisheiligen waren auf und davon, die Luft war voll Vogelgesang und Blütenduft, Bienen schwärmten in Flieder- und Apfelblüten. Wer wollte da nicht ins Freie? Zu sehen gab es fast so viel wie auf der „Kö" in Düsseldorf – Geschäfte natürlich nicht, aber Menschen, Menschen.

Festbesucher strömten aus allen Richtungen herbei, manche mit geschmückten Pferdewagen.

Sie hatten sich fein gemacht, so gut es ging. Manche unterstrichen ihre Schönheit mit Hüten und Blumenbouquets an der Brust. Man wollte sehen und gesehen werden – und warum auch nicht? Die tristen Kriegsjahre hatten das Leben der Kirchen empfindlich getroffen, aber jetzt hatte dies ein Ende, und der Nachholbedarf war groß.

Wer zu spät kam und im Saal keinen Platz mehr fand, den bestrafte das Leben nicht. Im Gegenteil: Ihn lockte die „Badewanne", so nannten wir die frisch gemähte Wiesenmulde neben dem Gemeindehaus. Dort blieb die Luft unverbraucht und es sprudelte ein munterer Quell aus der Erde, reines Wasser zum Trinken. Es war also viel angenehmer, den Gottesdienst in der „Badewanne" zu verfolgen, als drinnen auf engem Raum und harten, unbequemen Sitzbänken still sitzen zu müssen. Und während die Erwachsenen entspannt im Gras lagerten und der Predigt aus dem Lautsprecher lauschten, übten die Kinder einen Handstand oder sie flochten sich aus den Margeriten am Wiesenrand Kränze fürs Haar.

Einmal sammelte der alte Onkel Otto Noss alle halbwüchsigen Kinder um sich und nahm sie mit in sein Wohnzimmer. Dort gab er ihnen einen Nachhilfeunterricht in Sachen Glauben. Anni war auch mit dabei. Am Mittag kam sie heim und verkündete, sie habe sich nun bekehrt. Marlies auch und Hildegard und all die andern.

Ich hatte ja schon lange in unserer Sonntagsschule gehört, dass eine Bekehrung nötig sei, um in den Himmel zu kommen, aber ich wusste nicht, wie man das machte. Es wurmte mich, dass meine liebste Schwester, mit der ich sonst immer einig war, mir nun um eine wichtige Erfahrung im Leben voraus war, aber als sie dann auch noch von unserer Mutter ob ihrer Entscheidung gestreichelt wurde, meldete sich bei mir die Eifersucht. Am Abend fragte ich Anni, wie man das machte, sich bekehren. Sie sagte: „Ganz einfach, du sagst zu Gott, dass du zu ihm gehören willst und dass es dir leidtut, wenn du ihn betrübt hast."

Das Letztere war mir zwar nicht bewusst, aber ich konnte es ja vorsorglich nennen, sicher ist sicher. Auf diese Weise wechselte ich das Lager und gehörte nun zu denen, die sich in der Sonntagsschule meldeten, wenn der Lehrer fragte, wer denn schon gerettet sei. Aber eine Streicheleinheit von Mutti bekam ich nicht.

Damals stellte ich mir Gott so vor: Er war ständig überall und sah alles – ein großes Auge, dem nichts entging. Was für ein Zerrbild Gottes! Ich hatte die gute Botschaft gründlich missverstanden.

„Keep smiling, be positive"

In Wahrheit war das Leben für mich schwieriger geworden. Ich glaubte, ich müsste nun perfekt sein, dürfte nicht streiten und zanken, ganz zu schweigen von lügen oder Kirschen klauen, abschreiben in der Schule und all den vielen Übertretungen, die denkbar waren. Und dann die negativen Gefühle: Trauer, Wut,

Zorn, Neid! Sie sollte ich nicht mehr haben. Aber sie saßen wie die Wegelagerer an meinem Weg in die Pubertät, und da gehörten sie auch hin.

Niemand sagte mir damals, dass diese unguten Gefühle auch Geschenke unseres Schöpfers an uns waren, und zwar ganz wichtige! Er legte sie uns Menschenkindern deshalb so gerne in die Wiege, damit wir im Leben eine Ausdrucksmöglichkeit hatten und uns angemessen schützen konnten. Wenn wir versuchten, sie zu verbannen, dann starben auch all unsere schönen Gefühle, das Glück, die Freude, der Mut, die Liebe, und dann war der Mensch lebendig tot. Genau so fühlte ich mich in den Pubertätsjahren. In meinen Schulranzen schrieb ich mit Tinte auf Leder: „Keep smiling, be positive."

Meine Freunde erzählten von heißen Auseinandersetzungen mit ihren Eltern, von wilden Eskapaden, von ersten freiheitlichen und selbstbestimmten Urlauben, von tollen Tanzpartys. Mich nannten sie „die fromme Helene". Sie ahnten nicht, welch innere Zerreißprobe ich gerade durchmachte.

Ich hatte nämlich wieder eine neue Ursache, rücksichtsvoll und brav zu sein, weil unsere Mutter einen schweren Herzinfarkt erlitten hatte. Es ging um Leben und Tod. „Keine Aufregung!", hatte der Arzt angeordnet. Jeder war gefordert, ganz besonders die älteren Geschwister. Der „Gartenzaun" hatte eine wichtige Funktion für Mutters Genesung, aber in ihm klaffte inzwischen eine empfindliche Lücke. Karl-Gustav, unser Jüngster, driftete spürbar ab in eine andere Wirklichkeit, eine psychotische Welt mit Verfolgungswahn und Größenfantasien. Hilflos und sprachlos machte uns der Bruder, wenn er die Nacht zum Tag verkehrte und im Dorf zum Gesprächsthema wurde. Er manövrierte sich in den Mittelpunkt des familiären Lebens, und dort blieb er jahrelang, indem er ein Drama nach dem anderen inszenierte. Eine große Hilflosigkeit ihm gegenüber vermischte sich in mir mit der panischen Angst, wir könnten unsere Mutter verlieren.

Ich ging auf den Realschulabschluss zu und sollte mich für einen Beruf entscheiden. Seit meinem zehnten Lebensjahr wusste ich, dass ich Lehrerin werden wollte, und auch, dass ich schulisch immer noch auf dem falschen Dampfer war. Niemand hatte mich in meinem Berufswunsch wahrgenommen.

Jetzt nahm mein Lehrer Dr. Hoof die Sache in die Hand. In den Weihnachtsferien reiste er nach Waldbröl, um den Direktor des Gymnasiums davon zu überzeugen, dass ein verspäteter Übergang für mich gerechtfertigt sei. Wieder kam ich durch eine Hauruck-Aktion in eine neue Klasse, und nun hieß es: Ärmel hochkrempeln und viel Stoff nachholen. In diesem Jahr lernte ich das eigenständige Lernen, das Durchhalten, das Trotzen gegen Frustration und Resignation. Dabei half mir mein alter Lehrer wie ein väterlicher Freund. Er war überzeugt, dass der Weg in den Lehrerberuf für mich genau richtig war.

1960 begann ich mein Studium an der Pädagogischen Hochschule in Wuppertal. Ich flog davon in die Freiheit. Jetzt war für mich der Zeitpunkt gekommen, erst einmal tief durchzuatmen. Wie war ich eigentlich zu diesem Privileg gekommen, studieren zu dürfen? Da waren die Menschen am Rand meines Lebenswegs: die Lehrer, die Verwandten, die mich ermutigt hatten, den widrigen Zeitumständen zum Trotz. Und da war meine Mutter, die sich im Lauf der Jahre aus traditionellen Einstellungen gelöst hatte. Sie legte nun großen Wert darauf, dass ihre Kinder – auch die Töchter – den Beruf erlernen durften, den sie sich wünschten. Sie verzichtete auf eigene Vorteile und entließ uns nach und nach in die Selbstständigkeit. Unsere Mutter wurde je länger je mehr zu einer Meisterin im Loslassen.

Ich wandte Gott den Rücken zu

Auch ich ließ los: Das große Auge brauchte und wollte ich nicht mehr. Ich wandte Gott den Rücken zu. Umso mehr spürte ich jedoch die Sehnsucht nach dem Vater im Himmel, der um meine Bedürfnisse wusste, wie unsere Mutter es immer ausgedrückt hatte. Aber – hatte er nicht gerade sie im Stich gelassen mit ihren vielfältigen Alltagssorgen und gesundheitlichen Krisen? Warum hatte er die Gebete für meinen kranken Bruder nicht gehört?

Und überhaupt: Warum hatte er das millionenfache Leid der Kriegsopfer zugelassen? War das etwa ein Gott der Liebe? Ich wandte mich ab. Auf diesen Gott konnte ich gut verzichten.

Es schien jedoch, als wollte er ohne mich nicht sein. Ganz unaufdringlich begegnete er mir in alltäglichen Situationen: In Menschen, die großes Leid erfahren hatten und getröstet waren, in reichen Leuten, die den Segen des Teilens entdeckt hatten, in schlichten Menschen, die mit dem Herzen sehen konnten und mir Liebe und bedingungslose Wertschätzung schenkten.

Irgendwann begann ich neu, nach Gott zu fragen. Stellte er früher in meiner Vorstellung das große, kontrollierende Auge dar, dann war er jetzt eher wie eine Facettenkugel mit ganz vielen unterschiedlichen Gesichtern. Ich wollte Gott in meinen kleinen, begrenzten Geisteshorizont einfangen und konnte es doch nicht. „Da will er auch nicht hineingezwängt werden", erklärte mir eine Freundin. „Er will eine Beziehung! Er will in dein Herz!" Und sie schenkte mir ein uraltes Zeugnis der Weltliteratur: die Psalmen Davids.

David hatte aus seinem Herzen keine Mördergrube gemacht. Er hatte Gott freimütig konfrontiert mit seinen Enttäuschungen und Zweifeln, mit seinen Ängsten und Hoffnungen. Und er konnte jubeln und ihm danken, wenn er Hilfe erfahren hatte. Das war der Weg, den ich für mich entdeckte: eine Beziehung zu Gott leben mit Leib und Seele und all den Gefühlen, die mir zur Verfügung standen, auch mit dem Trotz und dem Zorn der Enttäuschung.

Vertrauen fassen ist ein Prozess, der oft zaghaft beginnt – nämlich mit einem Wagnis ohne Erfolgsgarantie. Keine Beziehung kann wachsen ohne dieses Quäntchen Vorschussvertrauen. Und niemand konnte es mir abnehmen, den Versuch zu wagen.

In diesem Lebensprozess spürte ich, wie mich mein Kindheitsideal mehr und mehr störte. Ich stand immer noch unter dem inneren Zwang, Menschen in Not helfen zu müssen. Wo diese Bereitschaft sichtbar wird, da schießen die Hilfsbedürftigen wie die Pilze aus der Erde. Es gab viele Menschen, die ihr Glück von meiner Anstrengung abhängig machten.

Ich erkannte das Problem, konnte es aber erst einmal nicht lösen. Nach und nach verstand ich, dass meine Sucht, gebraucht zu werden, ein Selbstwertproblem war. Ich meinte immer noch, mir die Liebe und die Anerkennung verdienen zu müssen. Dabei genoss ich bereits die bedingungslose Liebe Gottes. Gott half mir zu erkennen, dass mein Wert nicht aus meiner Leistung kam.

Ich lernte auch, körperliche Signale besser zu erkennen und richtig zu deuten. Wenn zum Beispiel mein Rücken streikte und mir dadurch klar machte, dass ich mich zu sehr belastete. Manchmal zeigte mir ein Traum, dass ich innehalten sollte oder dass es nicht schlimm sei zu versagen. Dass ich Fehler machen durfte. Und dass ich auch nehmen sollte. Dass es Zeit war, loszulassen und mir Gutes zu tun. Ich hörte auf Gottes Stimme.

War ich nun etwa eine Egoistin geworden? Nein, ich blieb eine Helferin, die ihr Gegenüber wahrnahm und spürte, was der andere brauchte. Aber ich spannte mich nicht mehr vor den Karren derer, die ihren Weg selber finden konnten. Manchmal war ich Sonnenschein, ein andermal eine Gewitterwolke. Ich lernte meine guten Gaben achtsam einzusetzen.

Der Schatz auf dem Dachboden

Unsere Mutter, deren Leben jahrelang an einem seidenen Faden gehangen hatte, wurde satte vierundachtzig Jahre alt. Nach und nach hatten wir Kinder das Haus verlassen. Ihr Herz hatte sich erholt und ihre Psyche war erstaunlich belastbar geworden. Einsamkeit konnte sie überwinden, weil sie gute Kontakte im Dorf und ein offenes Ohr für die Nöte der Nachbarn hatte. Die vielen Betten im Haus wurden auch nicht wirklich kalt, denn „zu Oma" blieb lange ein begehrtes Ausflugsziel. Zuerst für junge Familien, dann für die Enkelkinder in den Schulferien. Irgendwann war es aber so weit: Sie sah selbst ein, dass sie Hilfe brauchte. Es fiel ihr schwer, ihr geliebtes Häuschen für immer zu verlassen. Lange hatte sie gezaudert, aber dann tat sie es bewusst: Sie gab den Hausschlüssel in der Nachbarschaft ab, zog unter das Dach meiner ältesten Schwester und forderte uns auf, ihr Heim zu plündern. „Sprecht euch untereinander ab", schrieb sie. „Holt euch, was ihr brauchen könnt!" Das galt zweiunddreißig Personen, wenn man die vierundzwanzig Enkelkinder mitrechnete. Viele von ihnen waren gerade dabei, sich eine erste kleine Existenz aufzubauen. Wir begannen, miteinander zu telefonieren. Gründlich wägten wir ab, wie wir vorgehen wollten. Cousinen und Cousins nahmen Kontakt miteinander auf und begannen zu verhandeln. Zum Schluss war das Haus leer, ohne dass es zu irgendwelchen ernsthaften Streitereien gekommen war. Und auf Omas Schreibtisch türmten sich die Dankesbriefe ihrer stattlichen Enkelschar. Ich glaube, das war ihre letzte wirklich große Freude. Für uns Kinder und Enkel aber war es eine anschauliche Loslass-Lektion gewesen.

Meine Aufgabe war, den Dachboden zu entrümpeln. Zu dem Zeitpunkt lebte unsere Mutter bereits nicht mehr. Sie war eine Sammlerin gewesen. „Wer weiß, vielleicht kommt noch einmal ein Krieg, dann könnten wir das gut gebrauchen", war einer ihrer Standardsätze gewesen. Jetzt musste alles in den Container. Wir arbeiteten schnell. Unter dem schlecht isolierten Dach schluckten wir dabei eine Menge Staub – es war keine angenehme Arbeit. Plötzlich stutzte ich. Ich hatte ein graues, sorgfältig verschnürtes Päckchen in Händen. Neugierig entzifferte ich am kleinen Dachfenster die Aufschrift. „Feldpost" stand da in deutscher Schrift, und blitzartig wusste ich, dass ich einen echten Schatz in Händen hielt.

Viele Kriegskinder waren zu klein, als ihre Väter gingen, um sich an sie zu erinnern. Ich war immer glücklich, eine Handvoll lebendiger Erinnerungen an meinen Vater zu haben. Sorgsam hatte ich sie gehütet, gedanklich veredelt und vielleicht sogar vergoldet. Je länger meine Beine wurden, desto größer wurden die Flügel dieses Wesens, das sich in meiner Vorstellung in einen Engel verwandelt hatte. Mein Vater war der beste gewesen, ohne Zweifel! Aber Manfreds Vater war es auch, und Inges Vater hatte einen riesigen Heiligenschein. Wir standen ehrfürchtig vor den Standbildern unserer gefallenen Väter. Sie waren nicht einmal aus Stein – wollten wir sie berühren, lösten sie sich auf. Seelisch amputiert fühlten wir uns, nicht ganz vollständig, unsicher, uns selbst überlassen und wenig geschützt.

Einen Vater zum Anfassen hätten wir gebraucht – und jetzt hielt ich Briefe von ihm in der Hand. Worte aus seinem Herzen an uns, als wir zu Hause auf seine gesunde Heimkehr warteten. Ich spürte wieder diese Nähe zu ihm, die er mir vor vielen Jahren mit dem roten Kleid vermittelt hatte, und mit dem Eis zu einer Zeit, in der es nichts zu schlecken gab. Aber dann war er gegangen und nicht wiedergekommen. Noch als Teenager hatte ich Wiedersehensfantasien gehegt. Mir vorgestellt, wie es sein würde, wenn er jetzt als Spätheimkehrer unangemeldet vor der Tür stünde. Was würde ich ihm sagen? Wie würde ich ihn umarmen?

Plötzlich aber begegnete er mir auf dem staubigen Dachboden – heute, mitten im Durcheinander des Ausmistens, im Gerümpel aus vierzig Jahren!

Nein, durchzuckte es mich, das ist nicht der geeignete Moment, ich habe meine ältesten Klamotten an und bin voller Staub, und er vermischt sich unter der Hitze des Dachbodens mit dem Schweiß auf meinem Gesicht! Wenn ich dann heulen muss …

Ich hatte es in der Hand, dieses Treffen zuzulassen oder zu lassen. Mich verschließen? Mein Herz klopfte laut. Ich spürte: Meine Angst vor diesem Rendezvous würde tausend Ausreden finden. Sollte ich nicht lieber mein verehrtes Standbild unangetastet lassen? Was, wenn die Trauer erneut ausbräche, wie ein Vulkan, der nicht zu kontrollieren wäre?

Ein Sonnenstrahl fiel durch das kleine Giebelfenster. Der aufgewirbelte Trödelstaub tanzte vor meinen Augen, die sich bereits mit Tränen füllten. Ich setzte mich auf einen großen Karton, öffnete den ersten Umschlag – und vergaß Tag, Stunde und Ort.

Mein Vater

Ich sehe ihn auf seinem Feldbett sitzen, während er seine Briefe schreibt. Der Herbststurm heult um die Baracke und dringt durch alle Ritzen. Am Tisch ist kein Platz zum Schreiben. Seine Bibel dient ihm als Unterlage, und er schreibt mit einem Bleistift. Weil das Licht von der Funzel an der Decke zu schwach ist, senkt er den Kopf tief nach unten. Um ihn herum schnieft, ächzt und schimpft es. Einer singt vor sich hin, ein anderer flucht. Vierzehn Betten, dicht beieinander, vierzehn Spinde an der Wand, Kälte. Er sitzt da im Tarnanzug und hat die Wolldecke um sich gelegt. Haucht ab und zu in die erstarrten Hände. Und er schreibt:

Liebe Milli!

6.10.1944

Nun bin ich einen Tag Soldat und habe heute Morgen meine Klamotten empfangen. Viel kann ich nicht schreiben. Es ist zu unruhig: vierzehn Mann auf einer Stube. Für jeden zwanzig qcm am Tisch. Ich weiß nicht, wenn Du mich sähst, ob Du lachen oder heulen würdest. Die Ausbildung dauert sechs bis acht Wochen – sehr strammer Dienst –, dann kommen alle nach dem Osten. Ich kann einen Antrag auf Aufnahme in die Schonliste stellen. Dazu brauche ich eine polizeiliche Bescheinigung mit Geburtstagen, mit Bestätigung, dass alle sieben Kinder ehelich sind und nur von mir versorgt werden. Diese Bescheinigung besorge doch bitte bald. Vielleicht hilft Dir Hans dabei. Ich kann mich dann nach erfolgter Ausbildung zur Dolmetscherkompanie für Italienisch melden …

26.10.

… Um vier Uhr mussten wir raus. Um fünf Uhr, es war noch stockfinster, marschierten wir in voller Ausrüstung zum modernen Übungsplatz längs der Weser. Der ist nicht ohne! Wir bauten einen Teil einer Brücke. Die Arbeit ist sehr schwer, aber ich schaffe es, mache nicht so viel Getue darum wie einige, die mir stämmiger und stärker scheinen, als ich es bin. Es ist vor allem eine interessante Arbeit, von der ich nicht dümmer werde. Der Anmarsch ist immer sechs km …

9.11.

… Montag waren wir zwanzig Stunden ununterbrochen im Dienst. Vorgestern Nacht hatten wir wieder einen dollen Nachtmarsch. Stockfinster, strömender Regen und Sturm. Dazu tiefer Schlamm. Nach zwei Stunden waren wir nass bis auf die Haut, und zehn Stunden dauerte die Übung. Dann das Dollste: der Übergang über die Weser in Floßsäcken bei reißender Strömung und Sturm. Wir werden also richtig auf Russland eintrainiert …

11.11.

… Gestern kam das erste und heute die drei anderen Päckchen an. Der Spieß hat gestaunt. Ich habe mich natürlich furchtbar gefreut über all die schönen Sachen. Alles ist heil und tadellos angekommen. Der Kuchen und die Plätzchen schmecken vorzüglich. Auch die elektrische Birne war heil und leuchtet schön hell. Alle Kameraden freuen sich, dass jetzt bessres Licht hier ist … Heute wurden wir vereidigt. Vorher noch eine Andacht mit einem ev. Pfarrer. Wir sangen: „Jesu, geh voran …"

… Im Anschluss an die Vereidigung besuchte uns der Kommandeur auf der Stube und sprach mit jedem. Er hat mich wegen der sieben Kinder als Muster hingestellt und Dich damit auch besonders geehrt … Heute sende ich einliegend einige Bonbons, welche ich aufgespart habe …

22.11.

… Gestern überflogen uns starke feindliche Verbände. Wir waren im Wald und konnten alles beobachten. Ich habe immer nur an Euch gedacht und den Herrn gebeten, Euch unter seinen Schutz zu nehmen. Sie kamen schnell zurück, sodass ich annehme, dass sie nicht bis Magdeburg gekommen sind …

29.11.

… Ich war heute Morgen beim Aufwachen so sehr bekümmert. Gestern und vorgestern flogen so viele Flugzeuge ein, und ich hatte das Gefühl, dass Ihr in großer Gefahr wart. Nun bin ich wieder ruhiger, aber ich glaube, so oft und anhaltend wie heute habe ich noch nicht für Dich und die Kleinen nach oben gerufen … Gestern haben wir bis zwölf Uhr nachts Minenfelder gelegt, bei eisigem, sehr starkem Wind. Nun dachte ich, für diese Woche sei das Schwerste geschafft, aber ich höre eben, dass morgen kurz nach Mitternacht wieder langer Ausmarsch ist. Aber ich bleibe mehr bei der Stange als die Jungen von siebzehn bis vierundzwanzig Jahren, die oft Ach und Weh schreien und sich auch gerne drücken. Was ich bis jetzt hier von der neuen deutschen Jugend gesehen habe, ist nicht erhebend, zum großen Teil ziemlich verloddert. Ich muss ins Bett, es ist noch keine zwanzig Uhr, aber ringsum höre ich schon Schnarchen. Sie konnten alle nicht mehr gerade gehen …

16.2.1945
… Ich nehme heute Abschied von Bevern … ich bin nun endlich zur Dolmetscherkompanie nach Hameln überwiesen. Ich scheide mit gemischten Gefühlen, hänge sehr an den Kameraden. Da sind welche, die selbst in größter Not sind. Einer hat seine Frau verloren durch Bombenangriff. Der andere bekommt keine Nachricht von der Familie aus feindlich besetztem Gebiet. Kürzlich wurde ein Teil von uns blitzschnell zur Front geschickt. Von diesen Kameraden soll nur noch die Hälfte leben. Das alles greift mir ans Herz, wie ernst ist doch die Zeit! …

11.3.
… denn ich habe eine furchtbare Woche hinter mir, weil ich nicht weiß, wie Du die Angriffe vom 2. und 7.3. überstanden hast. Ich hörte, dass auch Schönebeck betroffen war, ja, dass Bomben in der Nähe des Bahnhofs fielen. Das lässt mich nicht einen Augenblick zur Ruhe kommen. Dazu die Nachrichten vom Westen mit der Ungewissheit, was aus unseren Lieben in Wiehl und Gummersbach wird … Ich halte es hier in der Kaserne nicht aus, ich muss raus ins Freie. Hoffentlich kommt nachher Post oder spätestens morgen …
11.30 Uhr: Soeben konnte ich mich in der Schreibstube melden, um Deine Briefe in Empfang zu nehmen. Ich habe mich sofort eingeschlossen und dem Herrn für die Nachrichten gedankt …

9.4.
… gestern Mittag war ich Zeuge des furchtbaren Angriffs auf Halberstadt. Wenn ich doch etwas von der Gefahr, in der Ihr schwebt, auf mich nehmen könnte! …

… Solltest Du mal das Haus verlassen müssen, dann hinterlasse mir doch eine kurze Nachricht in einer Flasche, die mit dem unteren Teil ein wenig aus dem Boden herausragen kann, vielleicht hinter der Garage. Oder schreibe mit Kohle an die Garagenwand.

Ich habe die Hoffnung auf eine Versetzung nach Magdeburg noch nicht aufgegeben … dann könnte ich schneller mal bei Euch sein …

Immer tiefer sinkt mein Kopf in die Briefe hinein. Meine Augen brennen vor Anstrengung. Die Sonne hat sich verzogen, und das schwache Funzellicht des Dachbodens hilft mir nicht mehr, die mit Bleistift verfasste Feldpost zu entziffern. Was ich erfahren habe, reicht auch.

Alles Weitere will ich in Ruhe nach und nach verarbeiten. Eins aber ist heute geschehen: Das väterliche Standbild ist vor meinem inneren Auge verwittert. Und damit hat die Ehrfurcht vor einem Kriegshelden einem warmen Vertrautheitsgefühl Platz gemacht. Ich habe jetzt einen Vater zum Anfassen. Er, der damals Achtunddreißigjährige, hat seine heute fünfzigjährige Tochter in sein Herz schauen lassen. Dieser Vater verzehrt sich in Sehnsucht nach uns. Er macht sich Gedanken um unsere großen und kleinen Alltagsnöte. Er möchte uns schützen und weiß nicht wie. Er leidet an der Welt mit ihrem Kriegschaos. Er hat Heimweh. Er ist kein Held.

Das Kind in mir spürt seine grenzenlose Liebe. Und jetzt hört es auch wieder die Stimme meiner Mutter: „Ihr habt den irdischen Vater verloren, aber der himmlische Vater weiß, was ihr braucht, und wird für euch sorgen. Man kann ihm alles, wirklich alles anvertrauen."

Als Kind und als Jugendliche hatte ich diesen Satz nicht besonders gern gehört. Ich hätte lieber meinen irdischen Vater zurückgehabt. Auf billigen Trost konnte ich gerne verzichten.

Inzwischen aber war ich eine Fünfzigjährige und sah die

Dinge aus einem anderen Blickwinkel. Nein, Mutters Worte waren nicht leer gewesen. Sie selbst hatte in ihren schwersten Zeiten eingeübt, sich diesem Vater ganz anzuvertrauen, zunächst im Leben und später im Sterben. Das war für mich die wichtigste Glaubenslektion überhaupt gewesen, und sie stellte alle Theorien über Gott, so klug sie auch sein mochten, in den Schatten.

Immer noch saß ich am kleinen Giebelfenster. Irgendetwas hinderte mich, die Briefe zusammenzupacken und die Aufräumaktion für heute zu beenden. Ach ja, jetzt ging mir ein Licht auf!

Eigenartig, diese Briefe könnten auch von Eberhard stammen, stellte ich fest, meinem Mann. Er hätte in dieser Situation seine Ängste und Sorgen ganz ähnlich zum Ausdruck gebracht. Und schon wieder kommt mir eine Erinnerung.

Eberhard war zum ersten Mal bei uns zu Hause. Ich hatte ihn meiner Mutter vorgestellt und bei ihr eine starke innere Reaktion bemerkt. Als ich sie wenig später daraufhin ansprach, war sie ganz spontan in Tränen ausgebrochen: „Er ist genau wie mein Wilhelm."

Jetzt stutzte ich. Hatte ich etwa einen Ehepartner gesucht, der mir den Vater ersetzte? Ich kam ins Grübeln. Möglich wäre das, wenn ich daran dachte, dass sich meine Erwartungen an Eberhard mit dem deckten, was mich an meinen Vater erinnerte. Er hatte mich verwöhnt mit besonderen Zuwendungen, einem roten Kleid, einem Eis, einem Ausflug in den Zoo.

Natürlich sind Väter auch für das Glück ihrer Kinder zuständig. Was aber, wenn das Glück mit dem Vater verschwand? Unbewusst hatte ich den Ersatz gesucht, der den Mangel ausglich. Leider funktionierte das auf Dauer nicht. Kein Ehemann war in der Lage, seinen Schwiegervater zu ersetzen. Auch Gott füllte die Lücke nicht aus – im Gegenteil, er ließ sie offen, damit mein Schmerz sich in dankbare Erinnerung wandeln konnte.

Abschied nehmen

Als ich mich jetzt umschaute, entdeckte ich: Viele Menschen waren so. Wenn sie etwas verloren, schauten sie sich nach Ersatz um. Manch einer suchte hartnäckig bis zum Sankt-Nimmerleins-Tag und landete dabei in einer Sucht. Dabei gab es eine viel bessere Lösung: die Trauer. Das bedeutete: den Verlust wahrzunehmen und anzunehmen, der Trauer Raum zu geben. Sehr spät fing ich noch einmal an, um meinen Vater zu trauern. Vorher hatte ich alles Mögliche unternommen, die Trauer zu bannen. Mit Tapfersein, Stärke, Betriebsamkeit. Wenn ich aber bedürftig oder traurig war, hatte ich mich versteckt. Traurig sein hatte ich mir nicht erlaubt, und das sollte niemand sehen. „Keep smiling", „Be Positive", „Immer fröhlich, immer fröhlich!", so hatten meine Wahlsprüche gelautet. Wie unmenschlich, wie anstrengend und unehrlich war es aber, stets den Sonnenschein zu spielen! Das musste zum Ausbrennen führen, auch wenn das ein Gott, der uns „Leben in Fülle" zusagte, nie wollte.

Die Trauer um unseren Vater hat meine Geschwister und mich ein Leben lang begleitet. Sie gehört zu unserem Leben dazu. Wie die gesundheitlich angeschlagene Mutter und der schwerkranke Bruder. All das hat uns geprägt und fest miteinander verbunden.

Nach der Wende machten wir uns gemeinsam auf den Weg nach Gernrode im Harz. Denn dort war unser Vater gefallen und begraben worden. Wir suchten und fanden seinen Namen auf einer Gedenktafel gefallener Soldaten hinter der schönen Stiftskirche. Diese war offen und lud uns ein, unsere kleine Gedenkfeier zu halten. Es war ein verspäteter, aber friedlicher Abschied an einem sonnigen Septembertag, und für mich war es eine späte, aber bewusste Einverständniserklärung an Gott.

Ich hatte gelernt, ihm zu vertrauen, ohne ihn je zu verstehen.

Wohin gehen wir?
Immer nach Hause.
Novalis

Nachwort

Als ich neunundsechzig Jahre alt wurde, spürte ich einen starken Impuls, eine Reise ins Land meiner Kindheit zu machen. Es gab dafür unterschiedliche Beweggründe.

In den letzten Jahren hatte sich das Kind in mir immer wieder gemeldet. Erinnerungen stiegen auf und forderten mich zu einem inneren Zwiegespräch auf. Ich begriff: Wenn ich in Frieden alt werden wollte, sollte ich mich mit meiner Kindheit aussöhnen.

Ein weiterer Anstoß zu diesem Buch waren unsere Kinder. Irgendwann werden sie ihre Fragen an uns Eltern nicht mehr stellen können. Wir haben ihnen nicht sehr viel erzählt, und wenn wir die Gelegenheit dazu hatten, spürten wir Hemmungen und hielten uns zurück. Denn das berüchtigte „Wir früher …" können Kinder nicht ausstehen, weil es stets vorwurfsvoll klingt. Außerdem: Was geht unsere Kinder unsere Kindheit an? Sollten wir sie nicht lieber mit unseren Geschichten verschonen? Und schaden wir uns nicht selbst, wenn wir zurück statt nach vorne schauen?

Sich erinnern heißt auch, unangenehme alte Gefühle wieder zuzulassen. Ist es nicht viel einfacher, sie ruhen zu lassen, fest zu verschließen? Unsere Generation hat früh gelernt, Schrecken und Ängste wegzustecken, um die Eltern nicht zu belasten – spürten wir doch, wie schwer sie ohnehin im Kriegschaos zu leiden hatten. Wir verschlossen unser Gefühl, um das Leid nicht zu spüren, machten uns stark und tapfer, um den Schmerz zu überwinden. Viele von uns waren genügsam und „pflegeleicht", ignorierten die eigenen Bedürfnisse. Andere wurden krank. Einige wuchsen im Tragen von Lasten und Verantwortung über sich hinaus.

Später hatte dies Folgen für unsere Kinder: Es fiel uns schwer, ihnen auf der Gefühlsebene zu begegnen, und so haben auch sie noch unter den schrecklichen Auswirkungen des Krieges gelitten.

Wir sprachlosen Kriegskinder haben sehr lange gezögert, bis wir anfingen, unsere Erfahrungen mit anderen zu teilen. Fünfzig Jahre vergingen seit dem bitteren Kriegsende, und erst dann begannen einige zu erzählen. Heute stehen wir mitten in der Aufarbeitung einer riesigen Trauergeschichte. Es ist gut, dass das große Schweigen ein Ende hat.

Ich habe meine Erinnerungen einfach kommen lassen. Hinterher war ich sehr erstaunt, dass die Trauer um meinen Vater ein ganz großes Thema war. Es tat mir gut, meinen Trauerweg noch einmal abzugehen. Dennoch ist mein Buch, so wie ich es empfinde, keine traurige Geschichte. Leid und Freude sind zwei Seiten einer Medaille, sie gehören eng zusammen.

Brennende Augen

Johannes Lepsius –
ein Leben für die Armenier.
Erzählung

208 Seiten, gebunden,
ISBN 978-3-7655-1904-8

Er hätte ein sicheres, interessantes Leben in Deutschland haben können. Aufgewachsen in Berlin in einer Familie, wo Prominente aus Politik, Kultur und Kirche ein und aus gingen, widmete sich der brillante junge Wissenschaftler und Theologe Johannes Lepsius jedoch vor allem dem Schicksal des armenischen Volkes, das in der Türkei seit Ende des 19. Jahrhunderts fortwährenden Repressalien und Verfolgungen ausgesetzt war. Mutig bezog er öffentlich Stellung gegen den damaligen Verbündeten des Deutschen Reichs und nahm für seine Überzeugungen in Deutschland Anfeindungen und Redeverbot in Kauf. Mit allen ihm zur Verfügung stehenden Mitteln versuchte er 1915/16, den Völkermord an den Armeniern zu verhindern.

Die spannende biografische Erzählung schildert das ungewöhnliche, mutige und von tiefem Glauben geprägte Leben von Johannes Lepsius. Dabei werden die Ereignisse des Völkermords und die deutsche Mitverantwortung sichtbar.

Von derselben Autorin:

Florence Nightingale

Der Engel der Verlassenen

160 Seiten, gebunden,
ISBN 978-3-7655-1738-9

Festliche Abendgesellschaften, rauschende Bälle – das ist die Welt ihrer Familie, die Welt des reichen englischen Adels. Florence Nightingale ist schön, hochintelligent, an allem interessiert, was in der Welt vorgeht. Junge Männer reißen sich darum, ihre Liebe zu gewinnen. Doch sie will ihr Herz Not leidenden Kranken schenken. Aber eine Adelige arbeitet nicht im Krankenhaus!

Dann ruft der Kriegsminister sie, um im Krimkrieg die verwundeten britischen Soldaten zu pflegen. Sie rettet vielen von ihnen das Leben. Als „die Lady mit der Lampe" wird sie zum Symbol für Menschlichkeit und Hilfsbereitschaft. Die sympathische, kluge und leidenschaftliche Frau inspiriert bis heute viele Menschen, mutig ihren Weg zu gehen.

„Wohl bin ich der Gründer des Roten Kreuzes und der Schöpfer der Genfer Konvention. Aber die Ehre, die mir deswegen zuteil geworden ist, habe ich mit einer englischen Frau zu teilen … Florence Nightingale."

Henri Dunant, Gründer des Roten Kreuzes